江门文史

2024 · 第五十六辑

百年侨校

BAINIANQIAOXIAO

广东省江门市政协文化和文史资料委员会◎编

中国文史出版社

图书在版编目（CIP）数据

百年侨校 / 广东省江门市政协文化和文史资料委员
会编 . -- 北京 : 中国文史出版社 , 2024. 12. -- (江门
文史资料). -- ISBN 978-7-5205-5087-1

Ⅰ . G749.92

中国国家版本馆 CIP 数据核字第 20248GZ537 号

责任编辑：张春霞

出版发行：中国文史出版社

社　　址：北京市海淀区西八里庄路 69 号院　　邮编：100142

电　　话：010-81136606　81136602　81136603（发行部）

传　　真：010-81136655

印　　装：廊坊市海涛印刷有限公司

经　　销：全国新华书店

开　　本：787mm×1092mm　1/16

印　　张：14

字　　数：156 千字

版　　次：2025 年 1 月北京第 1 版

印　　次：2025 年 3 月第 2 次印刷

定　　价：68.00 元

前　言

　　它们建校之初，有的是贫儿义塾，有的是家族私塾，有的是私立女校，有的是男校……

　　但是，无论它最初是什么，"侨捐"这个"身影"一直贯穿到百余年后的今天。

　　目前，我国分布在世界各地的华侨华人有 6000 万人，其中约一半来自广东，江门籍港澳台同胞和海外侨胞合计超过 530 万人，遍布全球 145 个国家和地区。江门，也成为中国著名的侨乡。

　　在与世界的沟通中逐渐成长、壮大的江门籍华侨华人，心系家国，除了在早期屡屡通过投资兴业、捐资捐物等形式改变家乡面貌外，他们还捐资兴建学校，支持家乡教育事业，本书的 36 所学校就是一个缩影。

　　侨校，不仅是传授知识的学校，更是连接海内外华人世界的桥梁，是海外华侨心系故土的情感寄托。

　　本期专题通过梳理 36 所百年侨校的发展历程，管窥侨校曾在五邑侨乡遍地开花的繁盛，感受江门侨胞造福桑梓的拳拳爱国爱乡之情。

目　录

景贤学校

——传承白沙先贤精神

董小荣　王岳夫

前身为景贤书院

江门市第一中学景贤学校的前身是景贤书院，建校可追溯到清乾隆年间。自 20 世纪 30 年代起，华侨和港澳同胞积极捐资建校，"侨"力量推动学校发展。

据《江门市志》载，清代初期，江门设有官立社学一所，是当年官宦及江门街商贾人家为其子弟读书而设立的官方书院。至清乾隆二十五年（1760 年），新会知县周志让因景仰明代本土先贤陈献章，将官立社学改为景贤书院。

史载，景贤书院临河，坐北向南，初建时是一座有前中后厅、9间教室的祠堂式大院，后厅设白沙先生（陈献章）牌位奉祀。执教的称为掌教，白石乡举人甘天宠曾任书院掌教，良溪举人罗鸣銮也曾主持景贤书院。

书院教材以"四书""五经"为主。办学所需经费由县府筹办，将土名"三沙佛凹"禾虫埠租、土名"火烧船"等处佃租作为书院日常经费。此后每年经费不足时，则从另一处书院冈州书院内拨银125两作为景贤书院的经费。

清光绪三十一年（1905年），延续千年的科举考试制度被废除，景贤书院更名为景贤学堂。当时江门的学堂有3间，除了景贤学堂外，还有水南学堂、缅香黄氏家族学堂。学堂的课程，与书院时代比较有了很大变化。

景贤学堂曾几次易名，新会东北公立景贤高等小学堂、景贤高等小学校、江门市立中学、新会县立第二中学，皆曾是它的名字。

笔者从《江门五邑历史纪实图片画册》看到，当年江门市立中学已成立了田径、篮球、排球、垒球等运动队。

1930年，江门市立中学的校舍在景贤书院的原址上建成，规模扩大，现江门市第一中学校史由此开启，首任校长为王德明，第二任校长为林鸿材，校训是"诚、勤、爱、勇"。

1931年，江门撤市，恢复为新会县江门镇。1932年，江门市立中学校改名为"新会县立第二中学"。因校舍难以满足不断增加的学生需求，且随着江门城市的发展，校舍"前临堤岸，三面迫近店户，舟车来往，人声嘈杂"，不适合学生学习，故选址建新校区的呼声日盛。

时任新会县县长的黄槐庭认为"惟教育始能推进社会"，加以五邑地区的华侨们在侨居国深切体会到缺少文化知识的弊端，支持乡里子弟潜心向学的愿望十分强烈，于是他带头向社会贤达募捐。新校舍选定水南乡螃蟹山为校址，于1933年开始建设。

新建的学校，主楼富有古希腊、罗马式西方艺术风格，因通体由红砖构建，故称"红楼"（旧址在江门市第一中学景贤学校内），镶嵌

红楼

在红楼主楼大门上、用花岗岩雕刻的"新会县立第二中学"几字由黄槐庭书写。1934年秋，校舍建成，学校由书院路迁到红楼。红楼从此成为蓬江河畔的学子们梦想的书香殿堂，是江门教育发展史上的一个重要见证。

学校建制几经分合

抗日战争全面爆发后，当时的江门虽尚未沦陷，但不时为日机所轰炸，县立二中迁入外海筠轩、定息两大祠堂，并容纳外地学生搭食寄宿。

1939 年 3 月下旬，日寇开始进犯江门，3 月 30 日拂晓，日寇密集的炮火轰击驻扎在县立二中的江门守备部队的司令部，驻扎江门的守军以及民众奋力抵抗。作为白沙文脉传承象征的红楼，与江门这座城市，抵抗到了最后一刻。

抗战胜利后，学校迁回蟛蟹山红楼。1951 年，江门成为省辖市，新会县立第二中学更名为"江门市第二中学"。同年，于紫茶路黄家祠建立江门市第一中学（缅香、蓬江两间私立学校并入江门一中）。

在江门土生土长的市民何耀权曾就读于景贤学校，他曾撰文回忆："1953 年江门市二中复办，人员从市一中分出，地址在江佛公路旁的蛇山。校本部大楼、教室、教工宿舍等都在蛇山，学生宿舍、饭堂、篮球场在江佛公路另一边的一字山。两边篮球场超过 10 个。分校时原一中正校长杨希圣任一中校长，副校长沙洪江任二中校长。当时一中、二中分校时没有重点学校之分，1961 年高考，江门一中升学率全省第一，一跃而成为广东省首批重点中学。1962 年高考，继续保持全省升学率第一名。"学校采用严厉的留强淘弱的留级制，何耀权当年就读一中，"入学时 5 个班共 250 多人，到高考时剩 4 个班，不足 180 人。高考前一个月，集中所有考生回校住宿，每晚补习，用前三年高考试题测验考生。剩下参加高考的同学，大部分考上大学本科"。

虽然学校建制几经分合，但"景贤"二字并没有被后辈遗忘。1996 年，江门一中办成了完全高中。同年，一间民办公助的初中"蓬江学校"也成立了。2000 年，蓬江学校正式更名为"景贤学校"。2005 年，江门市政府为了创办一所国家级示范性高中，将江门一中、江门二中与景贤学校的教学资源重组，江门一中校址从蓬江区迁往江海区。景贤学校仍留在蓬莱山。如今，江门市第一中学景贤学校已经发展成为一所享誉全城的初中了。

华侨捐资建校

改革开放后，华侨和港澳同胞继续积极捐建景贤学校。江门一中党委副书记唐健荣，中学时期曾在江门一中（今景贤学校）读书，大学毕业后回校工作至今。他回忆了华侨在二十世纪八九十年代捐建学校的往事，他说学校有很多建筑是港商捐建的，包括实验大楼、体育馆、图书馆和游泳池等。体育馆是港商李永森捐资 300 万港元兴建，

1997 年，周恩泉副校长（左三）给李永森先生赠送礼物

并以其名字命名的。1995 年 10 月 18 日，在体育馆奠基仪式上，李永森的两个儿子李文辉、李文彬参加了奠基活动，李文辉代表父亲致辞道："振兴侨乡教育，是所有华人的共同愿望。"

游泳池和图书馆是香港知名人士黄球 1992 年捐资兴建的，两项工程合计 230 万港元。游泳池是一座可供正式比赛用的现代化标准游泳池，池身面积 1250 平方米，附属建筑 800 多平方米。

勤勉馆是一栋现代化的图书馆，建筑面积 3200 平方米，可以藏书 20 万册，为学生学习、教师教学和科研提供了良好的环境和设施。唐健荣提到，黄球先生在题写"勤勉馆"时，有一个插曲：他故意把"勤"字少写了一横，他说，希望江门一中的师生用勤奋的实际行动把这一笔补上去。1993 年 11 月，图书馆建成，黄球先生和家人一起

1993 年，黄球伉俪（前中）为勤勉馆剪彩

参加了落成典礼。今天，在图书馆里有黄球先生的半身铜像，是景贤学校在 2009 年设立的，以表彰和纪念他的善举。

2000 年后，黄球先生还拿出 30 万元，设立奖教奖学金，奖励在教学和德育工作方面业绩突出的老师。

唐健荣说，在学校里面，还有一栋建在蓬莱山最高处的建筑，比李永森体育馆、勤勉馆和清池建成的时间都要早，它就是旅港乡亲陈业初先生于 20 世纪 80 年代初捐资 10 万元襄助兴建的实验楼。陈业初，江门潮莲人。此楼于 1990 年 4 月建成，以其父名字命名，叫陈瑞芝楼。到目前为止，该楼仍然发挥重要作用，承担了景贤学校生化实验教学功能。1985 年，香港五邑发展有限公司刘中先生捐资 50 万元，兴建了两栋 35 套的教工宿舍，后又捐资 50 万元，设立五邑园丁奖教基金。另外，还有四邑同乡会、美籍华人、海外校友等捐资给学校设置内部电话联网、摄影及语音设备、电视网络等。

"南国侨乡，蓬江之畔，红楼高耸，书声琅琅……"江门一中的校歌歌声依旧，它唱出了蓬江之畔、白沙故里，从景贤书院传承至今的 260 余年历史的文化脉搏，唱出了江门人对白沙先贤孜孜求学精神的无比敬仰。

平山小学
——从贫儿义塾到区名校

整理 / 陈福树

　　在新会区会城街道新会书院的西北面，坐落着一所百年侨校——江门市新会区平山小学（以下简称平山小学）。

　　平山小学从百年前一所侨资创办的贫儿义塾，发展成为今新会区名校，笔者作为本地人，早已知晓。为更具体了解其中的发展历程，2024 年 7 月初，笔者采访了平山小学党支部书记钟金海，并在他的引领下参观了该校校史展览和新建的教学大楼。钟金海是平山小学第九任校长兼党支部书记（于 2023 年 9 月卸任校长职务），他在平山小学的重要发展时期担任校长兼党支部书记 17 年。之后，笔者又查阅新会景堂图书馆馆藏的 1932 年出版、由平山小学编写的《平山概况》一书，及 1994 年出版的《新会文史资料》第 47 辑中梁如松撰写的《平山杂忆——平山校史片断》文章。现将相关史料整理如下。

前身为贫儿义塾

冯平山（1860—1931年），名康，又名朝安，字昆炎，号平山，新会会城浐湾街高第里人。他15岁时开始随亲人经商。后自图扩展，在香港开办兆丰行。1918年参与发起开办香港东亚银行，成为大股东，是香港第一代华人企业家、银行家和慈善家。

冯平山致富后遵循其父遗嘱，为社会、家乡兴办了大量文化教育公益事业。1917年初，他捐资14万元（银圆），委托刚从加拿大讲学归来的新会文化名宿李淡愚在会城开办公益义塾。刚创办的时候，租用位于会城楼后里的莫氏世德祠（位置在今新会机关幼儿园）为校舍。初招学生2个班，按照当时初级小学标准课程教材授课，贫苦家

1917年创办的平山义塾（平山小学前身）

子弟入学则不收学费，并供给书纸笔墨。学校以"平山"冠名，定名曰"平山贫儿义塾"（简称"平山义塾"），是平山小学的前身。

1920年，随着求学儿童日益增多，原址已不够用，于是转租会城南宁街莫氏宗祠（位置在今新会实验幼儿园）为校舍。收学生4个班，学生达300人。

1922年至1925年是兼办平山高级小学时期。

1922年春，冯平山再捐资六七万元（银圆），将平山义塾迁至租赁的会城凤池里叶氏祠堂（位置在会城今新西隅路段）为校舍。又将南宁街莫氏宗祠改办为平山高等小学校（简称"平山高小"），始招学生1个班，递年升级至3个班，学生皆寄宿寄食。

随着学生的不断增多以及校务的不断发展，冯平山于1923年斥巨资买下会城西山脚得胜庙守府署遗址（位置在今会城惠民西路平山小学一带），并收购邻近一些民房，兴建新校舍。年终，新校舍竣工，平山高小即迁入新址（今平山小学现址）。原凤池里叶氏祠堂的义塾学生，则迁回南宁街莫氏宗祠就读，并增加了班数。

平山高小迁入新址后除继续开办高小各级班外，还曾试办初中一年级1个班。后来因受省港罢工风潮的影响，1926年初停办高小各班及初中班，将义塾初小各班迁入新校，班数逐渐增加，几年间学生人数均在300人以上。

1930年，冯平山作出决定，增拨办学经费，恢复平山高小，并与平山义塾合并，扩办为完全小学"平山小学"。

1931年，冯平山参照外国学校的管理模式成立了校董会管理学校的日常事务，他亲自担任校董会主席；又设置了冯氏教育基金会，并成立基金会董事局管理教育基金，定期给学校汇款支持办学经费；将会城大新路、浐湾路两处物业划归学校所有，用其出租的租金收入作为一项永久性的助学经费。

同时，还向县政府和省教育厅办理了申请注册备案。至此，"平山小学"正式成为民国时期的私立完全小学。

冯氏后人多次捐资

正值一切校务发展之际，冯平山于1931年8月不幸逝世。冯平山逝世后，由其子冯秉华继任平山小学校董会主席。至1938年，平山小学办学一切正常，其办学经费除部分是向学生征收的学杂费外，其余绝大部分一直由冯氏教育董事局定期汇款支持。

1939年，新会县沦陷。平山小学在沦陷前夕迁往双水东凌、塘河，设两个分校，继续办学。会城校舍曾被日军占用为驻军司令部，1945年抗战胜利后，会城校舍又被国民党64军占驻，直至1946年下半年，占驻的64军撤走后，平山小学才得以正式复校。

除新会沦陷，以及香港被日军占领期间，由于战乱，交通受阻，冯氏家族曾中断向平山小学汇款支持办学经费外，直至1966年"文化大革命"前，平山小学的办学经费一直由冯氏教育董事局定期汇款支持。

1966年，"文化大革命"开始。受"四人帮"路线肆扰，平山小学被迫易名为"为民小学"，冯氏家族与家乡的联系受到了阻碍。学校管理权属归会城镇政府，办学经费转由政府解决。

"文化大革命"结束后，平山小学教学秩序恢复正常。冯平山哲嗣冯秉芬、冯秉芹昆仲继承先父遗志，继续不遗余力支持家乡文化教育公益事业，多次捐资修葺校舍和兴建校内设施。

1979年，平山小学恢复校名，并举行建校62周年庆祝活动。冯秉芬爵士伉俪携同儿孙三代专程从香港回校祝贺并主持校庆活动。

1983年9月，冯秉芬爵士伉俪携带扩建平山小学的蓝图回新会。适逢二位结婚50周年纪念，他们不摆酒、不请客，用独特的方式作为纪念——向平山小学捐资55万元修葺校舍，并新建一座建筑面积为2081平方米的四层教学大楼。

1992年3月，由冯秉芬爵士捐资20万港元和冯秉芹博士捐资10万港元兴建的育英池（游泳池）落成。1994年，冯秉芬、冯秉芹昆仲再次捐资30万元修葺平山小学旧楼。2000年，冯氏家族，冯秉芬、冯秉芹昆仲又捐资80万元维护修葺运动场。

冯秉芬爵士家族到校视察合照

2019年9月起改制为公办学校

"文化大革命"开始后，平山小学的管理权属虽然已归会城镇政府，但物业产权仍属冯氏家族之前设立的平山小学教育基金会所有。

直到2014年11月，冯氏家族后人冯庆锵先生签署了平山小学物业所有人变更同意书，正式将平山小学物业产权捐赠给会城镇街道办事处。

之后，经过多年的筹划和办理相关手续，2019年1月，由会城镇政府投资建设的平山小学校区扩建工程正式动工。历经3年多的施工，2022年8月，平山小学校区扩建工程全面竣工。

平山小学校区扩建工程总投资9523万元，建筑面积达1.9007万平方米。校区新建筑与原有平山小学校舍有机相连，并在建筑上继承其中西合璧的风格，楼高七层，涵盖教学楼、综合楼、体育馆和艺术楼，并设有短池标准游泳池、多功能学术报告厅、学生电脑室、科学探究室、美术教室、书法教室、音乐教室、舞蹈及管乐训练场等，为学生提供了更多的活动空间和学习场所，更有利于开展特色教育，为百年著名侨校注入了新活力。

与此同时，经新会区人民政府研究确定，为进一步深化新会区教育综合改革，平山小学等4所学校从2019年9月起改制为公办学校。办学体制调整后，平山小学归属会城街道办管理。

从此，百年侨校，焕然一新，跃然跨入新的发展里程。

扩建后的平山小学

学校名师荟萃

平山小学从创办之初，就十分注重学校师资的选择，延聘教育界中声望卓著人士担任校长和教师。

首任校长李淡愚（1859—1942年）是清末廪贡生，为教育界宿儒。他毕生从事教育工作，教学经验丰富，1917年至1930年担任平山义塾及高小校长14年，为平山小学的创办打下了坚实的基础。

第三任校长李钦（1898—1979年）是李淡愚的宗侄和学生，1917年从新会县立中学毕业，即随李淡愚先后在平山义塾及平山高小任教多年，后于1932年起至1973年退休前一直担任平山小学校长（减除抗战时期和"文化大革命"时期，实际任职31年）。他工作认真，处事公正，治学严谨，办学成绩显著，深得冯氏家族信任并赢得教育界的一致称颂。

及至"文化大革命"后拨乱反正，平山小学的教育秩序陆续走上正轨。学校历任领导班子接力传承，继往开来，秉承冯氏家族对教育的初心，辛勤耕耘，着力建设高素质、专业化、师德高尚、教艺精湛的师资队伍，为培养葵乡莘莘学子提供强力保障，为打造平山小学优秀办学品牌作出了卓越的贡献。

其中林海是平山小学第七任校长。1988年至2000年正处在中国改革开放进入深入发展时期，时任校长、党支部书记的林海带领学校领导班子全面贯彻国家系列教育方针政策，加强科学管理，在学校教育教学工作方面取得显著成绩。1996年，平山小学被评为广东省一级学校。1989年，许东诗被评为广东省优秀教师。1993年，石宝珠被评为广东省南粤教书育人优秀教师。1997年，郭愿红获得广东省南粤教书育人优秀教师特等奖；林海荣获新会区"首届名校长"称号。

2000年至2007年，黎健昌任平山小学第八任校长、党支部书记。其间，他励精图治，率先垂范，深入教学，培养新人，着力抓素质教育，努力建设一支高素质的教师队伍，使学校面貌焕然一新，教育教学质量再上一个台阶。

2007年至2023年，第九任校长钟金海历任平山小学校长、党支部书记17年。其间，他在确立"名校"办学思路的同时，在前二任校长的基础上加大力量继续推进游泳、心理健康教育、交响管乐团、篮球四个特色办学项目，开拓平山小学办学新里程。2009年，学校荣获广东省红领巾示范校创建活动先进单位。2018年，被广东省教育学会评为第四届中小学校本课程建设优秀学校，同年被评为广东省中小学艺术教育特色学校。2019 年，被评为国家级中国人生科学学会美育研究会"十三五"重点课题美育实验基地。2021 年，获"广东省文明校园先进学校和广东省绿色学校"称号。2009 年，梁奕笑被评为南粤优秀教师。2023 年，钟金海获新会区教育特别贡献奖，陈门有获江门市"百名优秀教师"称号；钟金海还荣获新会区"第四届名校长"称号。

2023 年 9 月，冯家传接任平山小学第十任校长。他是广东省新一轮"百千万"名校长培养对象、广东省名校长工作室主持人。曾获 2023 年广东省中小学教育创新成果奖一等奖，出版多部教育教学专著。接任平山小学校长以来，他以幸福教育理念带领学校全体教职员工开拓进取，奋勇前行。目前，学校继续保持稳定、优质的强劲发展势头，幸福教育理念深入人心，名校品牌进一步擦亮。

特色办学结硕果

21 世纪以来，平山小学提出了"品学为先、体艺领航、身心俱健、全面发展"的育人目标，并确定游泳、心理健康教育、交响管乐团、篮球四个特色办学项目。

早在 1982 年，平山小学就被命名为广东省体育传统项目学校；1994 年，平山小学参加广东省传统项目学校评估，与揭阳华侨中学并列，获广东省第一名；2021 年，平山小学还被评为广东省校园游泳推广学校；2023 年，被广东省教育厅认定为首批广东省校园游泳推广学校。20 世纪 80 年代至 90 年代曾在世界游泳和跳水比赛项目获得冠军的优秀运动员林坚庆、郭华英、刘秋荣和余卓成，都曾是平山小学的学生。

2001 年以来，平山小学搭建全面化、全程化的心育平台，常态化开展心理健康教育工作。2005 年，学校被评为全国第三届"健康杯"中小学心理健康优秀成果先进学校；2006 年，被评为广东省中小学心理健康教育示范学校。学校于 2011 年成立了平山小学交响管乐团，长期聘请星海音乐学院交响乐团各声部的首席演奏家和资深演奏家担任导师，交响管乐团已成为江门地区配置齐全、阵容强大的业余小学管乐团之一，先后于 2014 年和 2016 年参加第八届和第十届上海之春"中华杯"中国管乐团队展演，分别获得小学组银奖和优秀乐团称号；2018 年参加粤港澳大湾区青少年新年音乐会荣获金奖。平山小学篮球队 2021 年获广东省小学生篮球锦标赛一等奖，2022 年获新会区中小学生篮球比赛小学男子组总冠军、城区组小学女子组第一名，2023 年获江门市中小学生篮球赛小学男子组第一名。

（本文图片由平山小学提供）

梅冈小学发展简史

口述 / 梁关铭　整理 / 汤础山

前身为寿南义塾

　　梅冈小学（又称梅冈学校），位于新会区双水镇梅冈村。梅冈村是一个有着悠久历史的村庄。据历史记载，南宋咸淳年间（1265—1274 年），苏姓先祖伊生从南雄珠玑巷来此立村。梅冈小学是拥有百年历史的学府，其文化底蕴深厚，源远流长。它的前身可追溯至创办于民国十三年（1924 年）的寿南义塾，首任校长为李淡愚。

　　李淡愚出生于 1859 年，是新会七堡乡人，以清末廪贡生的身份开启了他的学术之路。在青年时期，他便怀着满腔热忱投身于教育事业，曾在会城蕴华学堂任教，展现出卓越的教学才能。与此同时，他还兼任香港《华字日报》特约撰述员，笔耕不辍，传播知识与思想。在学术研究领域，李淡愚对拼音和声调的研究造诣颇深，他将 6000 多个同音字分别按照"九声"进行分类，精心编印成一册名为《分部分音广州话九声字宗》的宝贵资料。这一创举不仅为当时的学堂教师提供了极具价值的授课参考，更为汉语语音的教学研究奠定了坚实的

梅冈小学操场和教学大楼

基础。1913 年，李淡愚受旅加拿大华侨的诚挚聘请，远赴域多利华侨公立学校进行讲学。在那里，他深受欧美普及教育风气的熏陶和启发，深刻认识到教育对于社会进步和个人发展的重要性。

1916 年，李淡愚回国后，向旅居香港的冯平山游说兴办义学。冯平山被他的热忱所打动，次年回到会城创办了"平山贫儿义塾"，聘请李淡愚为塾长。随后，城乡各地纷纷效仿，积极开办了南洋、澄波、寿南等义塾 20 多间。自此，李淡愚先后担任过 15 所义塾以及西南学校、平山小学、冈州中学的教务长或校长，寿南义塾便是其中的一所。

在抗日战争期间，寿南义塾面临着艰难的困境，但教育的火种从未熄灭，它易名为"资始小学"，在战火纷飞中坚守着教育的阵地，为孩子们点亮希望的明灯。抗战胜利后，学校更名为"梅冈乡中心国民学校"，校址在梅冈村平冈里西面与忠冈里间的三所祠堂。历经岁月的洗礼和时代的变迁，1952年，学校搬迁到梅冈村平冈里西面的几座祠堂，更名为梅冈小学。1962年，小冈公社设立，学校更名为小冈公社梅冈小学。自1962年至今，梅冈小学一直肩负着小冈镇中心小学的重要使命，2001年，小冈镇并入双水镇，学校归属双水镇教育办公室管理。

教育教学环境不断改善

梅冈小学的发展，离不开社会各界的鼎力支持与慷慨相助。1983年，当地旅港同胞苏澄洲兄弟怀着对家乡教育事业的深厚情谊和殷切期望，慷慨捐资61万元，助力学校建成全新的校舍。这座建筑面积达2580平方米的两层教学大楼，内部设有办公室、教室、自然实验室、图书馆、体育室、教具仪器室、少先队部以及接待室等，设施齐全，为师生们提供了优越的教学和学习环境。

继苏澄洲兄弟的善举之后，苏氏挚友冯文根也捐资10万元购置了900套学生台凳以及办公桌、乒乓球台、铁床等设备，极大地改善了学校的办学条件，为师生们创造了更加优良的学习环境。

2012年，苏氏家族再捐资120余万港元，折合约90万元人民币，对学校所有教室和功能馆室重新修葺。由于学校电脑室电脑较旧，不能正常使用，苏氏家族又捐资约5万元更换电脑。

2016年开始，学校逐年购置新式多媒体教学平台，所有教师使用先进多媒体教学平台进行授课。

2017年11月，学校花费约48万元，将所有教室和功能馆室旧式的防盗网、铁门更换成不锈钢材质。

2020 年 9 月，花费 17.96 万元铺设运动场塑胶跑道，学生上体育课更安全。

2021 年，在上级大力支持下进行"厕所革命"，花费约 39 万元扩改建学生厕所，将以前坑渠式厕所改造成独立单间男、女厕所。

2022 年，分两次共花费约 18 万元在所有课室和宿舍安装空调，夏天时，师生不用再在酷热环境中听课，也可以安稳午睡，学生的精神状态大大改善，学习劲头十足。

2021 年至 2022 年，花费约 22 万元，在所有教室和功能室安装了护眼灯，保护学生的视力。科技楼首层设有美术室、队部，二层有电脑室、多媒体室，三层有科学实验室、音乐舞蹈室。这些专业教室的配备，为学生们在艺术、科技、音乐等领域充分发挥自己的兴趣和特长打下了基础。运动区有体育馆一栋，首层为体育风雨教学室，二层为教工宿舍。生活区有一栋两层教工宿舍楼，为教职员工们提供舒适的居住环境，让他们能够安心工作、潜心育人。

如今的梅冈小学，校园占地面积有 1.28 万平方米，校舍建筑面积约 5577 平方米。学校现有 16 个教学班，学生 640 人。

梅冈小学部分荣誉证书

教学质量不断提高

教育教学环境不断改善，全校师生不懈努力，教学质量不断提高，梅冈小学每年都向上一级学校输送了大量的优秀学生，并屡屡获奖：

学校舞蹈队分别在 2016 年和 2021 年两次代表双水镇参加区的文艺会演，均获一等奖；在 2021 年、2023 年六年级质量调研中，获新会区进步奖，每年均获双水镇教育促进会多个奖项；2022—2023 学年第一学期和第二学期，学校参加新会区的国标抽测，分别获得双水镇的第一、二名，成为当之无愧的体育强校；2023 年，学校凭借出色的教学成果获得新会区教学质量进步奖，荣获"双水镇育人质量先进单位"殊荣，在双水镇小学生田径运动会上获得第 4 名。

口述人：梁关铭，2010 年 9 月至今，在梅冈小学任职。

三村小学

——从清朝私塾到现代学堂

口述 / 李祝瑞　整理 / 黄伟亮

我出生于新会区崖门镇甜水村，曾就读于三村小学，是土生土长的本地人，亲闻、亲历、亲见三村小学的变迁与成就。

历史沿革　薪火相传

崖门镇三村是指东日、月堂、甜水三个自然村，都是李姓。

我听爷爷说，三村小学的办学历史可追溯至清朝中期，那时各里、各村都开办私塾，每间私塾都聘请一两位教师教导儿童读书识字。学生入读私塾需自备书台、方凳，课本亦需自己购买。教师的薪金多由学生摊派，或由那些拥有财产并主办私塾的家族或宗族支付。学生一般从《三字经》《训蒙幼学书》《千字文》和尺牍学起，然后学习八股文、成语考，再而学习"四书五经"等。

鸦片战争爆发后，西方思潮涌入中国，教育改革势在必行，各地的私塾纷纷改制为学堂。光绪二十九年（1903年），三村清溪祖祠私塾率先改制为李族初级小学堂，开启了三村近代教育的新篇章。光绪三十二年（1906年），李族初级小学堂分初级和高级两个教学班。那时候，三村仍有若干私塾。

1921年初，三村李族初级小学堂更名为清溪两等小学，设有一至四年级的复式教学班。

1929年春，三村清溪两等小学更名为甜水小学。那时候，除了甜水村之外，月堂村、东日村、苹岗村和蓝屋村的孩子们几乎都不上私塾，他们全都选择在甜水小学就读。为照顾和团结部分私塾老师，甜水小学聘请李振鹏为校长，李胄钧、李济绍教国文、写字等课程，音乐、图画、手工、体操等课程则从会城请老师来任教。

甜水小学的招生规模逐渐扩大，吸引了更多周边村落的学子前来就读。尽管学生人数增加，但学校的教学班级设置依旧保持从一年级到五年级。直到1935年春，学校才增设六年级，满足孩子们对更高层次教育的需求，甜水小学也因此成为一所完整的六年制小学。

1938年，甜水小学正式更名为三村小学。学校不仅是知识的摇篮，也是孩子们躲避战火、寻找安宁的港湾。可惜，1939年3月新会县沦陷，用作校舍的清溪祖祠前座（首进）被日军飞机炸毁。1947年，族人将其修复。老校长李振鹏撰文刻石，镶嵌在清溪李公祠堂墙上，让子孙永远铭记日本侵华暴行，激发复兴中华的斗志。

抗日战争胜利后，三村小学更名为三村国民小学。为普及国民小学教育，方便孩子们就近入学，除了东日分校外，三村国民小学在龙江里的畸洞祖祠、松山里的胜玄祖祠、忠心里的平沼祖祠、学门里的东润祖祠以及甜水和月堂交界处的竹墅祖祠、福音堂、信用社旁边的铺位和甜溪庙等地设立了教学点。这些教学点虽然因经济、师资和生源问题有过撤销，但有的在撤销后不久又重新设立。

1950年，三村国民小学升级为三村国民中心小学，学区有甜水、月堂、东日、苹岗等村，苹岗小学五、六年级的学生也在三村小学就读。1952年，三村小学有教工16人、学生543人。1955年，我国小学教育统一学制后，学校名称简化为三村小学。1958年，东日分校从三村小学独立出来，成立了东日小学。1961年，三村小学有教工23人、学生675人。

1968年，我国教育体制改革启动，三村小学顺应时代发展，增设了初中教育。起初，初中班级的教室设在小学校园内，不久搬迁至华光庙附近的横冲岗。校舍虽然简陋，但能满足教学需求。那时候，学校的学生人数一度达到1000人。1969年，小学教育由六年制改为五年制，初中教育则实行两年制。1981年，中小学教育体系分离，三村、东日、苹岗三所小学的附属初中合并成立横冲中学（后更名为三村初级中学）。那时候，三村小学有教工37人、学生763人。2024年，学校有学生433人、12个教学班，学生主要来自甜水村、明苹村等自然村及外来工子弟，全校教职员工32人。

多年来，三村小学推进"三全育人"体制机制，构建"师乐教，生乐学"的有效课堂，教育教学质量逐年提高。近年组织参加"千校联诵《少年中国说》"经典铸魂校园诵读展评活动，获集体诵读快闪展评大赛优秀奖、校园朗诵快闪比赛三等奖。

建设新校　群策群力

在甜水村，有李氏宗祠、清溪李公祠、陵山李公祠、华阁李公祠并排的四间祠堂。自清光绪二十九年（1903 年）至 1991 年，这四间祠堂便是三村小学的校舍。祠堂内有 13 间连成一片的课室，经过漫长岁月的风雨侵蚀，有的课室和教师宿舍经常出现漏水现象。虽然县和镇两级政府曾拨款重建过一间 36 平方米的课室，但是，课室间距狭窄、采光不足、漏水潮湿等问题无法解决。破旧的校舍不仅干扰了正常的教学秩序，还对学生的身心健康造成潜在影响。当地村民对此忧心忡忡，建设新校舍已成为当务之急。

1989 年，三村小学资深老教师李树芬等热心人士在《三村乡音》侨刊中发出筹建新校舍的倡议，得到海内外乡亲的热烈响应。

1990 年 3 月，《三村乡音》侨刊社、甜水村、月堂村共同成立三村小学建校筹备委员会，负责学校的筹建事宜。后更名为三村小学建校委员会，李树芬为该会负责人。

建设新校舍需要大量的资金，资金的筹集是首要的挑战。筹备委员会决定在香港、江门、会城分别成立建校集资小组。在香港，由李乔、李盛、李德传负责；在江门，由李祝军、李社令、李长才负责；在会城，由李建华、李华结、李根洪负责。其间，得到李树芬的学生、三村小学校友、时任江门市市长李熊光的大力支持，他亲自到香港发动邑贤捐款，得黄球、崔德祺、陈经纶、杨仲仪、林保浓、张廷等慷慨资助。在香港的李乔除带头捐款外，还到美国和加拿大发动华侨捐款。得到旅居海外及港澳贤达、乡亲的鼎力支持，共筹得人民币101 万元。

校友、时任新会县人大主任李青不辞劳苦，多次组织在会城工作的校友回乡，与筹备委员会一起商量新校选址问题，并最终确定在古兜山下的甜水村公路边建设新三村小学。

在筹备过程中，又得到时任江门市房产管理局局长李社惠的大力支持，他委托江门市房产管理局设计室完成建筑图纸的设计。最终，在1990年8月18日，三村小学与崖西建筑工程公司签订了承建合同，标志着三村小学建设工程正式启动。新校舍于1992年2月竣工，建筑总面积2700多平方米，建有12间教室和1间教导处，配套建有图书室、音乐室、教工宿舍楼等。至此，三村小学学生告别了四间有80多年历史作校舍用的祠堂，欢天喜地地迁往宽敞明亮、环境优雅的新校舍上课了。

新三村小学落成后，建校委员会拟再接再厉，继续建设一座体育馆。李树芬发动他的学生、香港同胞李盛想办法达成愿望。在李盛、李青的精心策划下，1998年，香港同胞李乔伉俪和李德传伉俪各捐赠23万港元建成翘德体育馆。2014年5月，李乔伉俪回到三村小学，当看到体育馆的门窗已生锈、馆内的墙壁灰已脱落时，他们又捐资17.5万港元对翘德体育馆进行修葺，同时还捐资17万港元更换翘德教学楼课室的不锈钢门。2023年5月，李乔的夫人张惠贤女士及其家属拟捐250万元资助三村小学综合教学楼建设，已举办捐款仪式。

历经时光的洗礼与社会的变迁，三村小学的发展凝聚了无数人的努力与期望。从破旧的祠堂到宽敞明亮的新校舍，再到设施完善的体育馆，每一步的跨越都是社会各界爱心与责任的结晶。李氏宗祠见证了学校的历史，而新校舍和翘德体育馆则昭示着教育的未来。

三村小学的教学楼

三村小学的翘德体育馆

崇文重教　奖掖英才

三村自古以来十分重视文化教育，设法鼓励子弟求学，以期苗壮成才，光耀乡里。

清末至民国期间，为激励学子们勤奋学习，三村共同制定助学金奖励发放办法。凡入学学生，则公偿包支，免除学费。对期末考试获一、二、三名者，奖励现金，以此表彰成绩优异的学生。为鼓励学子就读高中，李氏太祖划出崖南熊婆围、田螺坑两地120亩田地，陵山祖、竹墅组又分别划出20亩、10亩的田地作为高中以上毕业生的奖励。颁奖当天，举行拜祖先祠堂仪式，受奖人领到宗族奖励的田地。

大约是1940年，学子李祠博成为首位在祠堂拜祭祖先领田的毕业生，随后西南学堂毕业的李锦汉、李振衡相继获得宗亲奖励田。拜祠堂当日，舞龙舞狮、锣鼓喧天、大戏连台，整个三村乡沉浸在一片喜庆和热闹之中。这份奖励不仅是物质的，更是一种精神上的荣誉和激励，体现了族人对教育的尊重和对学子的殷切期望。

三村尊师重教的优良传统代代相传，激励着教师教书育人、辛勤耕耘，激励学子勤勉自励、奋发向上。1994年，旅美华侨李炎全为纪念其父李美劬，设立李美劬公奖教奖学金。奖励分甲、乙、丙三种：甲种为优秀教师奖，奖励刻苦钻研业务、认真教书育人的老师；乙种为三好学生奖，奖励勤奋好学、品学兼优的学生；丙种为升学奖，奖励考入重点初中、高中（中专）、大专、本科和研究生的学生。该奖励至今已发放6次。2018年，泰盛石场设立奖教奖学基金；2024年，江门新财富商会设立奖学金基金。

在这片深植着教育情怀的土地上，三村小学的故事不仅仅是历史的回响，更是未来的号角。李炎全等人士的慷慨善举，更是为这份传承注入了新的活力。

口述人：李祝瑞，1951 年出生于新会区崖门镇甜水村；1958 年就读于三村小学；高中毕业后，1972 年回三村小学当教师，先后被聘为三村小学教导主任、校长，在该校从教 39 年；2012 年退休。

本厚学校
——从侨校到书香文化村的华丽变身

口述 / 赵社庭　吴剑辉　整理 / 赵崇卓

　　在新会区古井镇慈溪村，有一所侨校——本厚学校，位于慈溪村后山，占地面积近 6.67 万平方米。该校由慈溪村旅居海外的华侨捐建于民国初年，数十年来哺育慈溪弟子，桃李满天下，至今仍充满生机和活力。

本厚学校主体

前身为"慈溪赵氏学校"

慈溪立村始祖士斌公，是个私塾先生。受庭训影响，慈溪村历来重视教育，学风蔚然。到清末民初，为满足子弟读书识字的愿望，村里开设多间私塾。随着人口的不断增长和现代教育的兴起，1922年，乡贤倡议筹办"慈溪赵氏学校"，积极联系海内外乡亲捐资办学。参照当时中华民国教育部所审定的学校章程，制定《慈溪赵氏学校章程》，并于民国十一年（1922年）正式开学。学校分初等班与高等班：高等班设在本厚大祖祠堂内，操场建在对面的高顶委山上；初等班设在各祖祠内，操场设在炳南祖祠前面的空地上。当时规定，凡属慈溪本族子弟，不论贫富，由7岁到18岁，开学前一个月报名均可以入读。学校试办期间，不收学生任何费用，文具自备。

慈溪赵氏学校首任校长为赵惠永，副校长是赵达元，还有学务书记、协办学务员、司库员等人。

校长负责聘任教员、购买教学仪器和监督考试等职，副校长协助校长开展工作。学务书记负责学校的财务开支，财务开支必须由校长向司库员提供书面的审核报告。协办学务员负责调查本族子弟的情况，凡符合规定的年龄段，无论贫富，都要报往学务书记处登记造册，并强制普及这一年龄段的教育。聘请的教师必须具备师范毕业文凭，作风正派，无赌博、抽烟等嗜好，如发现教师有不良行为立即进行教育、制止或辞退，薪酬由绩效而定。对于上述规定，均上报县长公署教育委员会备案。

由于深感文化知识的重要性，同时，受家乡乡贤积极办学热情所影响，旅居海外各地的慈溪乡亲得知后倍感欣慰，奔走相告，慷慨解囊，纷纷捐资办学，并成立办学董事局和基金会，将各埠缴回的捐款存入银行，一方面斥资兴建校舍，一方面通过置办物业收取租金存入银行生利息，作办学经费。

在山坡上平整出建校用地

20世纪30年代，由乡贤赵建渠（后任本厚学校首任校长）发起倡议，拟建本厚学校。得到乡民的积极响应后，办学董事局根据形势需要，决定在慈溪靠山的观音坑旁，建一所有规模的正规学校，并由慈溪旅外乡亲建校董事局负责筹资，筹得24883.65美元、625英镑。

1934年，本厚学校正式动工，校区占地面积6.67万余平方米。乡亲建校的积极性非常高涨，村民义务用锄头、铁笔开挖，在山坡上平整出建校用地和操场。在教学楼的设计方案上，最初曾以会城平山学校为蓝本，但考虑到当时兵荒马乱，古兜山的山贼经常到村里"拉羊牯"（意为抓人要赎金），为了确保子弟的安全，最终，教学楼设计成兵营式样，外观形似西洋教堂，内为两层的西式楼房，共12间课室。楼顶前后设有枪眼，前后校门设两层坚实的木门和铁门，以防御土匪。施工方面，董事局聘请了广州最著名的建筑公司承建，建筑材料全部购自香港。整座教学楼于1935年竣工落成，大楼正门上，邀广东大埔人、广州中山大学创办人、首任校长邹鲁题"本厚学校"四个正楷字。

本厚学校校舍竣工后，还勒石以记：

"国家之赖以盛者，国民也。国家之赖以优者，教育也。教育普及，则国民智，而国家兴；教育堕落，则国民愚，而国家衰。优胜劣败，强存弱亡，此天演淘汰之公例也。及观欧美诸国，富强甲于天下，岂有他术哉，普及教育使然耳。故教育之于人者，犹木之于本，水之于源，其关系诚非浅鲜也。同人等有鉴及此，乃发起筹办宗族学校，以期教育普及。今得我父老昆弟，共襄义举，踊跃解囊，玉成美举。兹将捐款名列后，以作万世景仰，使我子孙后代，体察前人苦心，创世维艰，刻意自奋也。"

日本侵华期间，教学楼遭日军飞机轰炸受损。抗日战争胜利后，慈溪村海外乡亲捐资 7760 美元重修。

完成乡村学校的使命

本厚学校建成后，慈溪村的乡村教学跃上一个新的台阶，这些都离不开海外乡亲和港澳同胞的大力支持。至今，本厚学校还保留了建校时两件珍贵的文物：一件是由古巴湾城维奇旅所全体同人捐赠的照身镜（镜画），其长 2.12 米、宽 1.9 米，镶嵌在竹节图案的实木架内；另一件是荣义和杰仪两位宗长捐赠的《四库全书》和《万有文库》（均连书架）。据说这两套文库当时全香港只得四套，这些书籍的出版日期比新会景堂图书馆收藏的那套书还要早。

中华人民共和国成立后，新会县教育局把本厚学校改为新会第八区中心小学。入读本厚学校的学生，不只是慈溪的，还有来自附近几个村庄的。1999 年 7 月，本厚学校还成立了第一届校友会，作为历届校友联谊的机构。

1982 年，本厚学校增设慈溪初中部。2006 年，慈溪初中部被并入新会四中。2011 年，因村中学童日少，慈溪小学部也被并入古井小学。至此，这所 76 年的侨校完成了其作为乡村学校的使命。

本厚学校珍藏
的《四库全书》

本厚学校珍藏的《万有文库》

从学校开办到停办的 76 年时间里，本厚学校为社会培育了一批又一批教育界、科技界、文化艺术界的精英。

"蜕变"为艺术部落

自 2011 年慈溪小学部并入古井小学后，本厚学校基本上闲置了下来，并日渐荒废。2017 年，在江门市文联、江门市美术家协会等单位的支持下，利用本厚学校闲置的校舍，投入资金 500 多万元，将本厚学校打造成一个紧贴乡土、融合自然、触摸历史的艺术驿站——古井艺术部落。

古井艺术部落建成后，成了一个颇具影响力的艺术交流平台，中国戏剧文学学会、广州美院联合研究生培养基地、写生中国广东分部基地、北京摄影函授学院广东研修分院摄影教育培训基地、北大青鸟文化艺术研究院江门文化品牌研究中心、李小可艺术写生基地、中国歌剧舞剧院江门创作基地等纷纷在这里挂牌。

古井艺术部落的建成，一方面盘活了本厚学校这所百年侨校，使其焕发出新的活力；另一方面，通过各类中、高档的艺术交流、培训、讲座等，增强了当地的文化氛围，提升了当地的文化品位，为乡村振兴作出了示范，受到当地政府和群众的高度赞赏。

至此，本厚学校蜕变为新会区的文化艺术地标。

打造"百年书香文化村"

2019 年底，江门市古井百年书香文化村总经理吴剑辉接手古井艺术部落的营运，改名为"百年书香文化村"，并陆续注资 800 多万元，升级打造为集旅游度假、拓展培训、学生研学、亲子教育、休闲营地、党建团建、商务会议、精品住宿、餐饮咖啡等为一体的文旅基地。

为引导广大青少年深入了解党的百年奋斗史，厚植爱党爱国情怀，百年书香文化村设立了党建八大主题体验区：少年强国路、四大时期先进党史长廊、新会新青年、红军长征路线、走近"一大"、誓词广场、红军体验区、抗日战争野战 CS 体验区。

如今，百年书香文化村已成为党校教学点、青少年学习教育基地、中小学生研学实践教育基地、江门第一家国家级旅游民宿、人才交流驿站、创新人才培训基地、青年之家、妇女儿童友好交流基地、

少年强国路

诗词之乡创建示范点、中国戏剧创作基地、中国油画写生俱乐部、广州美术学院校外培训基地、江门摄影创作基地等。

百年书香文化村内的百年侨校展览馆、大礼堂、怀旧课堂、百年书屋、韩国艺术室、儿童绘画室、儿童造纸室、油画室、水墨书法室、怀旧时光书屋、昆虫标本室、竹林空中书吧等，已成为热门打卡点。

百年侨校被赋予了新的历史使命。

口述人：赵社庭，年逾九旬，一直生活在慈溪村，曾在本厚学校任教，现已退休；吴剑辉，江门市古井百年书香文化村总经理，2019年底接手古井艺术部落，进行文旅运营。

台山一中建校史略

蔡　锋

　　台山市第一中学（以下简称"台山一中"）是我国最早由华侨、港澳同胞捐建的著名学校之一。台山一中位于台山市石花路1号，校舍依山而立，巍峨壮丽，气势恢宏，中西合璧，其建筑风格是古典与现代的巧妙结合。学校设施完善，环境优美，园林秀丽，为国内外所罕见。

　　我于1955年至1958年在台山一中读初中，当时每年5月24日举行校庆活动，都听老师讲述校史。1999年，我在台山市图书馆工作，适逢台山市隆重举行台山一中成立90周年庆典，我依图书馆工作安排，协助一中教师马敬搜集校史资料，得以在尘封多年的故纸堆中查找并抄录了大量的校史资料，其中包括台山一些报刊的相关报道，从而对台山一中的校史有了进一步了解。

原名"新宁公立中学堂"

　　台山一中创办于清朝宣统元年（1909年），原名新宁公立中学堂，1913年改称新宁县立中学校，1914年因新宁县改名为台山县，遂改

称为台山县立中学校。

在甲午之战和戊戌变法后，全国变法兴学、以图自强的呼声日渐高涨。光绪三十一年（1905年），清廷被迫宣布罢科举，推行新学。新宁县（台山1914年前的旧县名）在这年开办宁阳高等小学堂（现台师高级中学），1909年创办第一所中学——新宁公立中学堂。

清朝学制，初小四年、高小三年，小学共七年；中学不分初、高中，修业四年。

1909年11月，新宁县知事（县长）覃寿堃（1870—1959年，湖北蒲圻县人，进士，1908年至1910年在新宁县任职）和新宁县劝学所所长谭钟英召开全县各界人士会议，即席议决开办中学，暂以学宫

（现台城二小）为校舍。1910年5月，委任岑锡祥（台城岑边村人）为中学堂监督（校长）。

沿用科举考试的老办法招第一届学生

新宁公立中学堂1909年招收第一届学生时，由于宁阳高等小学堂第一届学生尚未毕业，故只能在童生和秀才中招生，因而，仍沿用科举考试的老办法。

考试这天，大约700名13岁到30岁的考生在县署前（现中山路和县前路交会处）集合，由知县点名，然后去"考棚"（位置在现市政府和西园之间，设有石制桌、凳）考试。入学试只考一篇作文。初试试题是《士先器识然后文艺》（出自唐朝人斐行俭语"士之致远，先器识而然后文艺"），取录 300 人参加复试，试题为《观过斯知仁矣》（出自《论语》）。最后录取 120 名，分为"文"（文科）、"实"（理科）两班。开学典礼上知县宣布：四年后毕业考试，成绩 80 分以上者，授"拔贡"功名；70 至 79 分者，授"优贡"；60 至 69 分者，授"岁贡"。得此功名者，可以在本村立功名石碑，以为荣耀，也有机会当上九品官。文班在五王殿、实班在尊经阁上课。每星期一早晨上课前，师生在大成殿集会，高唱"大哉孔子，先觉先知。与天地参，万世之师"。

后来，由于没上过小学、没学过现代科学常识的学生，学习数理化实在太难，也有没考上秀才的童生在文班跟不上功课进度，他们纷纷退学，两班合为一班学文科。到 1913 年，只有 36 人毕业。当时清朝已被推翻，没有科举功名授予了。这批毕业生，出了陈挺秀和麦朝枢两位台山知名人士。陈挺秀，先后任台山县教育局局长、新宁铁路总经理。麦朝枢（1896—1973 年），国立北京大学文学学士，曾任国立广东大学秘书、广州市政府委员、上海交通大学总务长，北伐战争期间曾任国民革命军第四军政治部主任，1932 年 4 月 1 日至 6 月 20 日任上海市社会局局长，1973 年逝世。

卖王侯祠祭田买黄李园建新校舍

1911 年春季，学堂监督岑锡祥认为学宫"地方隘狭、壁穿瓦漏，风雨交侵，不堪为讲学藏修之所"，于是召集全县绅士、耆宿会议，经协商决定，并报知县批准，变卖王侯祠祭田，将得款承买县城东门外黄李园为校址，建筑新校舍。会议选举 8 人为建校筹办，以新宁铁路总理陈宜禧为正理，伍于瀚（四九昌平村人，时任省议员、县议会议长）为副理，负责建校事宜。

王侯祠，全称王侯遗爱祠（在台城台西路 196 号，原中医院中部），为纪念明朝知县王尚贤（福建龙岩人，1613—1615 年任职，倡建台城凌云塔）而建。王侯祠在荻海勒冲洞有祭田 90.41 亩。当即由知县周秉道以投价法拍卖（竞买者各人写上出价，密封后呈交，然后由主持人当众拆封，唱读各人报价，以出价最高者得），得款 3 万元（毫银）。建校筹办人推举伍于瀚出面购买建校用地。

黄李园是两个大菜园，总面积约 6 万平方米。南园是李园，业主李毓华，即李月垣，贡生，台城缠溪人，著有《千字文新编》，其遗著《李家诗》于 2000 年 12 月出版。北园是黄园，业主黄渐逵。黄、李两位先生在安良局议价时，因建校事关全县公益之故，愿以 1.6 万元低价出售，购地余款 1.4 万元（毫银）存入新宁铁路公司，订明年息 8%，每年提取利息。200 元（毫银）供拜祭王尚贤用，其余为学校经费。

1913 年 7 月，岑锡祥校长离任。新宁县议会召集全县中小学毕业生开会，选出黄明超、雷泽普和赵次珊三人为县立中学校长候选人，县长从中圈定黄明超为校长。

热心人士致函台山侨商捐款

1915 年，黄明超致函海外邑侨："台山中学校向借孔圣庙（学宫）开办，讲堂宿舍，多不适用。邑人于前清宣统二年（1910 年）曾拨王侯遗爱祠变卖祭田公款，购东门外纱帽山麓黄、李园地以为建筑中学基址，因巨款难筹，无由举办。"该信指出："华侨子弟，就傅邑城，便而费省；负笈省城，劳而用多。且素闻旅外华侨，热心公益，关怀子弟教育。若有人为之提倡，捐建校舍，必能集事。"加拿大域多利埠（Victoria，现译维多利亚市）华侨学校教习黄笏南（1887—1979年，台山三合水仔村人）向旅域多利埠宁阳余庆总堂转达了这封信，各位董事读后均表赞成。嗣后，黄笏南致函中国驻加拿大总领事馆（当时加拿大是英国殖民地，不能设大使馆）副总领事赵宗坛（1862—1938年，台山斗山镇浮石村人，举人），请他函告台山绅士，将所购黄李园送出为旅加拿大乡亲捐建中学基址，即把已成为台山县公共财产的黄李园移交给加拿大华侨建校公所。待学校建成后，再授予台山县。

不仅是台山人，外县人也在为捐建台山县立中学新校舍宣传。新会县著名教育学家李淡愚（1859—1942年，曾于1914年至1919年在域多利华侨学校任教）于1915年在域多利宁阳余庆总堂新年宴会上演说："广东人在外洋谋生，最多者以台山人为第一；在外洋发财，最多者以台山人为第一；在外洋运动，能以个人为一邑建筑铁路者，亦以台山人为第一。惟台山中学人数甚多，借孔子庙为校舍，似不甚适用。我甚望加拿大台山侨商，各出资财，集款一二十万，在台山建一中学校舍，为我中国华侨，放一异彩。"1917年，黄明超再次倡议，无奈正值第一次世界大战，华侨商业凋零，无法募捐。

1926年春新校舍落成

第一次世界大战结束后，华侨商业好转。1920年1月28日，台山知名人士刘栽甫（1887—1966年，台城横湖人，时任广州非常国会议员、《新民国报》主编。后任台山县县长，1956 年后任广东省政协委员）、谭铁肩（台城筋坑人，台山旧城区规划者）致函加拿大台山华侨，倡议捐款建校。信中指出："当今新潮决荡……神牌奉祀，莫餍众心；姓氏派捐，莫尽众长。必须打破此种念头，始无悖乎进化轨道。"信中劝议旅加乡亲"派人游说各埠，解囊慨助，以观厥成。将见加属华侨捐建中学校纪念碑，矗立云表，直与石化西华（台山八景之一'石人耸翠'和之二'紫霞晚雾'）同不朽也"。这封信在台山华侨捐建学校历史上，有划时代的意义，因为自从清光绪八年（1882年）邑人捐建宁阳书院（现台师高级中学）以来，对捐款建校金额较多者的表彰办法，是在学校神龛上立一神主牌，每年春秋致祭后分给胙肉。这样，捐款人每每为名字放置在神主牌哪个位置而起争执。自刘栽甫和谭铁肩倡议后，则改为在学校适当位置的墙上，镶嵌捐款人瓷像，刻姓名于石上，以示褒扬。

域多利埠宁阳余庆总堂接信后，于 1920 年 2 月在总堂成立捐建中学总公所，在加拿大 70 多个城市成立劝捐分所，派出热心人士沿门劝捐。首先由林德绍（台山水步荔枝塘人）捐 1 万加拿大元、李勉辰（1868—1940 年，台山斗山塘美村人）捐 5000 加拿大元为带头，黄良滋、黄良润兄弟（台山大江海潮村人）合捐 1 万加拿大元为响应，带动 9332 人共捐 24.9596 万加拿大元，连同银行利息，折合中国银圆 50 余万元。1920 年冬，总公所派黄笏南、马香谱回国，聘请测量师测绘地形，并购买附近土地，以扩大校园面积。1921 年，再派黄笏南回国督办，其后回国参与建校事宜的有朱硕存、叶达贵、黄介石、余伯贤、蔡雁南、黄宣琳、邝修溥、谭文泽、李傅明、赵璧池、黄灼棠、黄发文、谭文湘 13 人。他们邀请教育界人士研究校舍式样，博

高中校舍纪念牌坊

台山一中教学大楼

取国内外名校之长，委托广州工程师江宗汉设计。1923 年 5 月 14 日，与工程中标者广州曾攀记签订建筑合同。1924 年 10 月 10 日举行奠基礼，1926 年春新校舍落成。

举行盛大的开幕典礼

1926 年 5 月 21 日至 27 日，台中一连 7 天开放校园，欢迎全县各界人士参观。学校给新宁铁路公司拨款 500 元，铁路每天加开两次列车，凭学校发给的证件，全县小学师生免费乘坐、参加典礼的来宾半费乘坐。

5 月 23 日，台中师生隆重集会，热烈欢迎加拿大华侨观礼团到校。23 日、25 日和 26 日，在台中举行台山县第一区（现台城街道）学生运动会；22 日至 26 日晚上，师生在操场演出话剧；24 日举行新校舍开幕典礼。

参加开幕典礼的来宾有当时的省政府代表王仁康、江门市市长张敷文以及江门驻军师长徐景唐，副师长陈章甫、朱晖日，香港台山商会代表刘希普、黄仲娱，美洲同盟会代表梁郁生，加拿大华侨代表伍若泉一行 20 多人、新会县师生代表一行 80 多人、华侨观礼团 300 多人、台山全县小学老师和学生等共 3 万多人。在台中校舍外和附近山上，挤满自发来观礼的民众，约有 2 万人。学校大门高搭两座牌楼，上写"新校舍开幕庆典"和"欢迎来宾参观"，牌楼下摆放奇花异草，校内中座大厅陈列着各界人士赠送的镜屏、油画、诗词、对联。

庆典由建校督办赵宗坛主持，黄发文为司仪，曾省三指挥唱校歌，黄笏南、马香谱揭幕。典礼上，赵宗坛向刘栽甫授予学校钥匙，刘栽甫以台山县人民代表和台山县县长的名义，呈交领受证。接着，刘栽甫向来宾发表演说、朱佐文宣读各界人士的祝词。庆典在台山一中军乐队奏乐后结束，然后，到会的来宾在食堂进餐。因食堂无法容纳全体到会人员，故发给建校工人每人1角5分、小学师生每人1角钱餐费，让他们去饭店吃饭。餐后，与会人员返回台中参观台山县全县学生成绩展览、台山县政府举办的农工产品展览和收藏家藏品展览。

获奖无数　名人辈出

从1924年新校舍动工至今，台山华侨、港澳同胞和毕业校友，不断慷慨捐输，使校园面积不断扩大，校舍建筑逐年增多，教学设备日益完善。例如，旅美华侨捐款24万美元，于1936年建成高中教学楼、图书馆、第四宿舍、喷水池等；毕业校友和学生家长捐建了几座凉亭、游泳池、卫生室等。

改革开放后，伍舜德、马兰芳伉俪及其家族，黄乾亨、黄乾利、黎显儒、谭达贤等华侨和港澳同胞捐建校舍3.504万平方米。百余年来，不断地添砖加瓦，到2024年，校园总面积扩大到12.53万平方米，建筑面积增加到9万多平方米。截至2024年7月，台山一中开设高中三个年级共60个班，学生3000人、事业编制公职教师265人。

台山一中是一所备受关注的著名学校。1926年，北大校长蔡元培题写校名"台山县立中学校"；1936年，中华民国国民政府主席林森题写牌坊"台山县立中学校高中校舍"。

中华人民共和国成立以来，周恩来、吴学谦、谷牧、雷洁琼、王兆国、黄华等党和国家领导人曾亲临视察；廖承志、雷洁琼、刘田夫、任仲夷、梁灵光、林若、叶选平、朱森林、梁威林、秦㛃生、黄新波、李凌等党政领导和知名人士为校舍题匾。

1953年，经教育部批准，台山一中被确定为广东省七所省重点中学之一。1982年被定为广东省体育传统项目（排球）学校，1989年被国家教委命名为全国体育后备人才试点学校，1993年被省教育厅评定为广东省普通高中教学水平优秀学校、广东省国家级示范性普通高中。

1983年以来，学校12次被评为全国先进单位，45次被评为广东省先进单位。

百余年来，台山一中培养出毕业生7万多人，其中旅居78个国家和地区的校友1万多人，国内外成立校友会20个。有上千名校友成为国内外知名专家、学者，包括中国科学院院士蔡睿贤、法学家黄子毅、版画家黄新波、音乐家李凌、教育家李云扬、文学家刘荒田、经济学家赵元浩和李江帆、航天工程师叶自强和朱自强、实业家和慈善家马兰芳等。年轻一代校友中，也有不少佼佼者。

台山市华侨中学

——从私立女校到全高中规模学校

岑向权

台山市华侨中学是直属台山市教育局领导的全高中规模的广东省一级学校。校园占地面积 8.0993 万平方米，建筑面积为 4.072 万平方米。全校有三个年级共 62 个班，3300 多名学生。

笔者是台山市华侨中学的校友，1975 年 9 月入读该校，中学四年

航拍台山华侨中学

（当时的学制是初中两年、高中两年）均在这所学校度过。为了寻访母校的发展史，时隔多年，笔者再次探访母校。

前身为台山最早的私立女校

1907年，清廷颁布《奏定女子小学堂章程》，正式允许女子入学读书。1908年，新宁县知事（县长）覃寿堃倡设女学并召集邑绅会议，在台城草朗街节孝祠成立了私立淑慎女子高等小学，此为台山最早的女校，标志着台山的女子教育开始起步。该校后迁至同街的明贤余公祠。

1912年后，随着新宁铁路的通车，早期到海外谋生的台山人心系桑梓，更因为在异国他乡所遭遇的歧视与偏见，情牵家乡子女的教

校园一角

育，兴起了捐资办学的高潮。为解决师资问题，1913 年，台山正式成立县立师范学校，但只招收男生，只培养男教师。后来，为适应女子学生的教育，开始招收少量女生作为未来的女教师进行培养。

1916 年，时任淑慎女子高等小学校长的唐夔呈请县政府，将学校改为县立女子高等小学。1919 年，学生仅 60 人。1925 年 7 月，学生增至百余人。

1927 年春，学校迁入学宫（现台城二小所在）上课。1928 年，台山县立女子高等小学奉令改为台山县立女子乡村师范学校，新招乡村师范生 1 个班。这样，近代台山的第一所女学由此成为台山的第一所女子师范学校，简称"台山女师"，从此开始了新的历史使命。

1930 年 3 月，县长李海云委任陈婉华为校长，并添招乡村师范生 1 个班，8 月又添招一年级乡村师范生 2 个班。这时，整个学校共有二年制师讲班 2 个班，乡师一年级 2 个班、二年级 2 个班、三年级 1 个班，师范生 316 人。另外，附小有高小 4 个班、初小 7 个班，共 11 个班，小学生 557 人。全校共有学生 873 人。

为建新校区校长远渡重洋募捐

然而，破旧的学宫，不仅教室面积小，宿舍房间少，各种新设施无法布展开来，更甚者因年久失修导致下雨天屋顶漏雨，而且学宫也只是借用，学校迁地发展才为长远之计。有鉴于此，陈婉华上任不到两个月，便发起组织筹建校舍委员会，择地兴建新校区。筹建资金采取募捐形式，募捐计划分三期：先本县和香港，再南洋群岛，再美洲各埠。第一期劝捐，女师全体教职员工先捐出一周的工资，然后在县内通过召开学生家庭恳亲会、在青年会演剧等方式筹得毫银2万余元；陈校长又到香港，在香港台山商会的支持下，筹得毫银6万余元。

1931年5月，陈婉华进行第二期劝捐，她远涉南洋星洲（新加坡）、仰光、槟榔屿等埠，费时两个月，筹得毫银7万余元。

募得资金后，在县政府的批准下，购得台城南门堂基山及附近田地、纸鹞山东边斜坡及所有民田作为新校地址（今台山侨中校址）。新校建设期间，香港台山商会主席李星衢莅临参观工地，建议香港台山商会加捐教学大楼第三层工料费2.5万元。从1932年元旦新校舍奠基到1934年1月2日新校舍落成举行开幕礼，前后用了两年时间。

台山女师由旧址（学宫）迁入新校址后，学习环境和条件大为改善。1934年8月，女师再次奉令易名，改为台山县立女子简易师范学校，成为当时县立女子最高学府。同时改招四年制简易师范生，开设师范、小学、幼稚园三个学部，学生1000余人，设置体育、美术、劳动实践等课程。

1934年10月19日，陈婉华赴美国劝捐。陈婉华"以一弱质女郎，而不避艰难，重洋远涉"（1934年县长陈肇桑语），乡绅员生，群情沸腾，欢送的队伍整齐肃穆。

1937年5月，陈婉华胜利回国，邑人、师生欢欣雀跃，载歌载舞举行欢迎仪式。此次共筹得13万余港元，由邑侨筹建组织台山县立女子师范学校校舍募捐处，将筹得款项汇至香港台山商会代为保管。1937年6月计划建设第二期校舍，但因七七卢沟桥事变，抗日战争全面爆发，工程被迫停止。同年，学校开办初中班。

1947年7月，李粹芳校长到任，扩充班额：初中班由1个班扩充到 5 个班，加上 11 个师范生班，全校共 16 个班，学生达 700 人；附小 12 个班，学生达 601 人。由于校舍不够，1947 年 9 月，学校从香港台山商会提回女师建校存款，计划添建校舍。1948 年 7 月，兴建了附属小学部及改建校门、浴室、修葺校舍等，完成了第二期的建校计划；9 月 10 日全部工程竣工后，附小迁入新址开课；12 月 12 日举行 40 周年校庆暨附小新校舍落成开幕典礼。

1949 年 11 月，台城解放。台山县人民政府接管女师后，由副县长邝炳衡兼任校长，校务工作由副校长梅洁瑶负责。

在"台山女师"原址兴办华侨中学

1954 年 8 月，由台山县侨联召集归侨会议，推选旅印尼华侨黄洁（后任广东省副省长）等为台山县华侨中学董事会筹备委员，推选黄洁为董事长。台山女师并入台山师范学校，在台山女师原址兴办台山县华侨中学，设初中和高中，招收六成华侨子弟，四成其他阶层子弟。自此，台山华侨中学开启了新的征程。

中华人民共和国成立后，台山华侨仍对学校的建设作出了很大的贡献。1955 年，美国归侨邝元修捐建一座平房，名为"邝元修堂"，作为教务处和总务处。1956 年至 1958 年，由黄洁资助及政府拨款，先后在纸鹞山山顶建起一座图书馆、在校园南麓建起一座可容 400 人的礼堂和一座可供 400 人同时就餐的膳堂。

1966 年，学校改名为"台城镇红卫中学"，只招收台城镇户口的学生，校长改称为革委会主任。1979 年，学校又更名为"台山县红卫中学"。1980 年，复名为"台山县华侨中学"，面向全县招生。

台山华侨中学教学楼

台山华侨中学校友楼

改革开放以来，学校在上级领导的重视关怀下，校园建设、教育教学质量等方面都取得了长足的发展。

1982年7月中旬，时任广东省副省长的杨康华莅临台山县华侨中学视察，了解学校的办学情况。此后，海内外的校友也纷纷回母校参观，积极捐资兴建宿舍、校友楼和改造运动场所等，掀起了一波又一波新的校园建设潮，先后建起了女师校友楼、朱景泉楼等等。

1994年10月，鉴于学校发展和教育改革的需要，台山市委、市政府研究决定，将学校行政办公的女师楼改为图书馆，重建一座行政办公楼，以解决学生雨天上体育课、就餐以及住宿等问题。1995年11月，学校行政楼和综合楼竣工，行政楼建筑面积1143平方米，有28个室，综合楼建筑面积2638平方米。学校还得到香港台山商会的热心支持，捐款40多万元为学校添置了一批电化教学器材。

1995年4月，广东省教育厅正式批准学校为省一级学校。

2001年5月，学校被评为"广东省绿色学校"，同月，举行广东省特色体育学校挂牌仪式。

2011年，学校被评为广东省国家级示范性普通高中。

学校发展到现在，离不开华侨港澳同胞以及历届校友对学校的关心和支持。2014年10月28日，由旅港乡亲李伯荣捐建的"星衢体育楼"和"星衢生活中心"举行落成剪彩典礼。

2018年3月1日，中共台山市华侨中学总支部委员会改为中共台山市华侨中学委员会。是年10月28日，学校举行了建校110周年庆典活动。

2022—2024年，学校连续三年荣获"台山市教育系统先进基层党组织称号"，被评为2023年创文工作先进单位。

台师高级中学
——前身为台山四大书院之首

口述/马启康　整理/麦博恒

崇文重教 "四院" 之首

台山市台师高级中学的前身是宁阳书院，而宁阳书院的前身在明朝末期已存在于台城城南龙岩。1612 年，新宁县知县王尚贤（福建龙岩人，1611—1615 年任职，捐薪倡建台城凌云塔）将之迁往城西（现台山商业城南面，原台山中医院院址）。1618 年，为纪念王尚贤，知县罗万有主持在该地筑成"王侯遗爱祠"。1753 年，训导李乾统倡议以王侯祠的祭产余资在王侯祠右侧为书院建三间房屋。

新宁县摄令康基田于 1770 年、知县南炙曾于 1787 年、知县万应馨于 1795 年、知县江涵暾于 1820 年分别对书院进行扩建、增加校舍以及维修。书院建有藏书楼，是台山第一座向公众开放的图书馆，是台山市图书馆的前身，也是我国历史最悠久的县级图书馆之一。书院奉祀陈白沙，承担从四乡选拔出来的优秀学生入院学习、为参加童试做准备的任务。

1882 年，知县曾行崧鉴于书院年久失修、破败不堪、地势低洼、常遭水患、环境欠清静等情况，主持将书院迁至台城珠峰山（现台师高级中学校址），当年 3 月施工，11 月建成两堂两庑供使用。之后，书院不断扩大，1884 年初具规模，名列台山四大书院（宁阳书院、文海书院、广海书院、潭洲书院）之首。书院传道授业、举贤育才，为台山的社会发展起了积极的推动作用。

承前启后　规模拓展

　　1905 年 9 月 2 日，清政府废除科举制。书院于同年改为宁阳高等小学堂，推选斗山浮石举人赵宗坛执掌学校。这是台山办新学的开

1882 年建成的宁阳书院　马启康　提供

始，但素来执教私塾的先生无法胜任新学制的教学工作，解决全县师资短缺问题迫在眉睫。

1913年8月，知事谭汉与邑绅商议，将宁阳高等小学堂更名为新宁县立师范学校，同时又设立新宁县立师范附属高等小学校，供毕业生作为实习的场所。1914年，新宁县更名为台山县，校名也随之改变为"台山县立师范学校"（以下简称"台师"）。

在社会各界贤达的关心支持下，台师规模不断拓展。1920年5月，劝学所所长赵芷汀兼任校长，主持开辟山边体育场。1922年，陈兆任校长，主持在珠峰山顶建校友亭1座。1923年春天，在小花园东边兴建1处长形平房，作宿舍之用，在珠峰山南面用松皮盖教室1座，又设法将南庑附近的居民迁往别处，以完善之前开辟的体育场。1926年2月，余兆田任校长，主持拆去松皮教室，建洋楼式教室1座，楼高二层，共有4间课室，在南面兴建三层高医疗室1座，并购置仪器西药。

1928年8月，伍志坚任校长，提出扩建校舍，增加班额，得到县府支持，同意增拨教育经费和扩充设备。伍志坚又发动香港台山商会支持学校建设，捐出1万港元，利用拆下的城墙青砖在山顶建1座三合土结构的教室，楼高二层，有课室8间、扇形办公室2间和仪器室，1929年6月落成，为台师教学楼（该楼现名为"校祖楼"）。

同时，学校计划把城墙原处开辟为运动场，在运动场下边开辟农艺场。但数万平方米地属于台城第二堡所有，经商议，第二堡父老同意划出这些山地赠给台师为校地。学校为报答第二堡父老乡亲，遂呈请县府核准，每年给第二堡两名免费学额。1929年5月起，学生利用课余时间，花费半年开辟出运动场和农艺场，并在珠峰山开辟出一条环道。

第二年，在珠峰山脚东面开挖三丈多深的大水井，山上建蓄水池，并购置大功率抽水机，于 1930 年 5 月完成自来水供应系统，解决师生用水问题。又购置发电机，解决学校照明问题。同年，旧制师范辛班毕业学生在校友亭西面捐建怀远亭，下方有为纪念邑人富商黄衮生捐款扩充校园而建的衮生园牌坊。第一届乡师毕业生在珠峰山顶周围捐建一批三合土椅。还添置图书、仪器、铜管乐以及建闸门，开设动物园等。

1931 年 4 月，陈绍南任校长，主持筑建学校四周围墙，并扩大膳堂。1932 年 9 月，麦鼎勋任校长，主持扩建运动场并建体育室。

受日寇侵华影响，1938 年下半年起，台师几度迁往附城光大学校、泡步小学与台中、女师组成联合中学联合开学。1945 年 11 月，学校才恢复正常的教学秩序。此时，学校设备、设施严重受损，校舍陈旧残破。1947 年 2 月，伍啸田任校长，主持筹款重建膳堂，修筑东门校道，发动学生捐款，建门楼和升旗台各 1 座。

1930 年的台山师范校园　马启康　提供

继往开来　发展壮大

　　1949 年 10 月，县府接管台师，由副县长李贯之兼任校长。1952 年，台师改名为台山初级师范学校。1956 年 7 月，停办台师初师，改为学制三年的中师，复名为台山师范学校。1966 年 6 月起，学校受"文化大革命"影响，停止招生。1968 年 8 月至 1969 年 3 月，台师停办。1969 年 4 月起，改办师训班。1973 年起，恢复招生。

　　1959 年，县府拨款，新建 9 间课室、画室、音乐室（含 30 间琴房）、体育室和宿舍 4 座，拨款修建附属幼儿园；1972 年，把书院中座改建为有 720 个座位的会堂；1973 年，把原医疗室东面的祠堂式房子改建为两层的办公室、图书室及阅览室；1981 年至 1983 年，将书院后座改建成两层的实验楼，在书院北面新建一幢三层宿舍楼；

1976 年台师校门　马启康　提供

1986年，拆除原来的体育室，建成三层高的办公楼和体育室；1987年，海内外校友捐资兴建三层高的校友楼，各地校友捐献校友楼的桌、椅等。

1987年，全国中等师范学校工作会议提出中师办学条件标准化的要求，台师校园面积、设施设备差距比较大，县委、县政府发动海内外乡亲积极捐资支持台师建设。

香港著名实业家、慈善家黄炳礼先生率先响应，1989年，捐资450万港元兴建的黄传经教学楼奠基，1991年12月落成剪彩，建筑面积达7880平方米，大小教室共有118间，是当时广东省中等师范学校规模最大的教学大楼，黄炳礼还从1990年开始，为台师设立奖教奖学金。1991年1月，县政府拨款建成可容纳1000多人的饭堂。

同舟共济　避免撤并

1992年，国家教育部门发出文件，提出要在1996年对中等师范学校办学标准化进行检查验收，不合标准的将被淘汰或被合并到其他学校。台师的办学条件离办学标准化的要求还有较大的差距，如不达标，将被撤并到其他县市的师范学校。

对此，台山市委、市政府高度重视。我当时任台山市政协常委，撰写了《关于加强台师办学标准化的建议》提案，提交给台山市政协，后转呈台山市委、市政府，有关领导作出批示。为此，台山市委、市政府发出倡议，呼吁海内外热心人士、校友、社团出钱出力，支持台师扩建和改造，为台师避免撤并贡献力量。

1993年5月30日，国家教委及广东省教育厅领导视察台师，检查中师办学条件标准化进程，充分肯定台山市委、市政府办好台师的决心与行动，认为台山华侨、港澳同胞热心办中等师范学校的义举在全国是少有的，台山师范学校可保留，并希望继续努力办好，国家教委师范教育司原副司长孟吉平还即席挥毫题词"努力创建全国一流师范"给予鼓励。

1993年1月，学校将宁阳书院右庑改建成四层宿舍。政府斥资600多万元，另征地10万余平方米，发动香港台山商会和海内外乡亲捐资兴建台山特殊教育中心，将原聋哑学校用地和全部建筑物划归台师使用。1994年，政府拨款重修宁阳书院。

1995年3月，香港台山商会捐出450万港元兴建艺术楼、捐出48万港元购买钢琴；捐出24万港元，另加李伯荣捐出的20万港元，为学校翻新装修校祖楼。伍舜德、黄浩川、黄炳礼、黄乾亨、黄乾利合捐300万港元建成五友楼（科技楼）；黄炳礼捐300万港元建成黄炳礼大会堂；李伯荣捐190万元港币兴建聚英楼和购置钢琴设备；余逵乐捐50万港元兴建余逵乐楼；朱正贤捐20万元人民币，其他校友合捐48万元人民币，学校自筹部分经费，建成爱校楼（含游泳池和朱正贤体育馆）。

1996年，黄炳礼捐出230万港元建成黄远铭图书馆并添置图书馆设备，李伯荣捐出70万港元建成周佩卿楼。

1996年5月，广东省教育厅派出省中师达标验收工作组到台师，按中等师范办学条件标准化的10项指标要求进行验收，结果全部达标，其中校舍建设、电教设备、图书设备和音乐教学设备达到省内一流水平，台师从而避免了被撤并。

踔厉奋发　华丽转身

台师在台山市委、市政府，以及海内外热心人士和有关社团的关心和支持下，踔厉奋发，进一步发展壮大，面貌焕然一新。为响应国家号召，华丽转身，转制为普通高中。

1997年，学校筹集经费200万元，在企峰山南面开辟一个新运动场；余逯乐捐出30万港元，购置电脑设备；香港台山商会捐出20万港元、学校自筹30万元人民币兴建珠峰园。1998年，李伯荣捐出150万港元兴建教师活动中心。省政府拨出58万元添置设备，历届校友纷纷捐资捐物，为学校增添设备、设施，并进行校园文化建设。至此，校园面积由原来不足2.67万平方米扩大至近5.33万平方米，总建筑面积达4.1万平方米。1998年，学校荣获广东省侨资办学优秀成果二等奖。

跨入新世纪，海内外热心人士为善不甘后人，继续支持台师的建设和发展。

黄炳礼每年捐出8万港元，设立"黄炳礼伉俪奖学金和助学金"，陈中伟设立"陈中伟先生助学金"，还有"胡荆璞先生助学金"等奖学金、助学金，鞭策师生勤教勤学。李伯荣捐出600万港元兴建学生生活中心，捐出100万港元为每位教师配备笔记本电脑，又捐出700万港元兴建李星衢周佩卿纪念楼。黄达漳捐出50万港元建成两个多媒体语音室。还有美西校友捐资购买教学楼第二阶梯教室设施设备，1952年春季校友捐资修建校友亭基座，美西校友捐建地理园，首届中师校友捐建砚谊亭，美东校友伍松光捐建东校门，黄晶华校友捐建锦花亭，谭月莲校友捐款修葺校友亭。

20 世纪 90 年代末，国家提出要求，小学教师学历须达到大学专科以上。广东省提出建设教育强省目标，要求各地逐步普及高中教育。

为响应国家号召，加快台山的教育发展步伐，2000 年 9 月，学校停招中师生，改为招收普通高中学生。2003 年 8 月，学校正式更名为台山市台师高级中学。目前，学校有教学班 51 个、学生 2600 多人、教职员工 228 人，是台山市规模最大的三所重点高中之一。

台山市委、市政府高度重视学校发展，2011 年，把原台师附小旧址划给学校使用，2010 年、2012 年，学校先后获征丰华里后山 7333.3 平方米及东和村后山 1.6 万平方米山地。目前，学校的校园面积超过 8 万平方米。2017 年，台山市政府拨款修葺宁阳书院。

2023 年，台师迎来了建校 110 周年校庆，台山市委、市政府拨出 1200 万元，搬掉原运动场后边的小山，发动海内外校友、热心社团和热心人士共捐资 1100 万元，兴建 400 米的标准跑道运动场。

桃李芬芳　成绩斐然

学校英才辈出，有广东省原副省长、中山大学原校长兼党委第一书记李嘉人；原国民陆军 17 兵团副司令兼 12 军军长、中华人民共和国成立后任广东省政协常委的林伟俦；原国民党中将、中华人民共和国成立后任广州市政协委员的刘耀寰；一·二八淞沪抗战中壮烈殉国的李荣熙；原粤北军区武装部部长、政治委员李东江；原南京警备区司令、广东人民抗日军第四团政委杨芝；中华人民共和国成立后在外交部任职的赵彬；原广东省人民银行副行长吴平；1936 年参加第 11

届德国柏林奥运会、奥运史上第一个台山人黄英彦；中国人民解放军总政部"八一"排球队原总教练、国际高级教练、获少将军衔的李策大；参加 1962 年在印尼雅加达举行的第十届远东运动会获 110 米高栏第一名、1965 年获全运会 200 米低栏和 400 米高栏第一名，后任第 24 届汉城奥运会中国田径队主教练的梁仕强；北京师范大学学前教育系教授李超立等。还有旅外校友如朱正贤、梅灼均、骆炯坤、伍卓会、陈树芬等，他们成为著名的侨领、实业家、专家学者。

学校先后被评为广东省一级学校、广东省普通高中教学水平优秀学校、广东省群众体育先进单位、广东省书香校园、广东省中小学艺术教育特色学校、江门市优秀学校、江门市高中阶段教育质量先进学校一等奖学校、江门市中小学心理健康教育特色学校、台山市优秀学校、台山市学校德育工作先进集体、台山市教育系统美育工作先进集体和绿色学校等。

口述人：马启康，中国民主同盟盟员。1944 年 11 月出生于今台山市白沙镇下屯村委会东成村；1959 年 9 月，考入台山师范学校；1961 年 7 月毕业后，先后在白沙镇小学和潮境中学任教；1973 年 9 月，调往台师任教；1991 年 2 月，成为江门市、台山县政协委员，并当选为台山县政协常委；1992 年 1 月，担任台山县教育局副局长，兼任台师副校长；1991 年 9 月，被评为全国优秀教师。

敬修职业技术学校

——从族校到中职学校

整理 / 李柏达

学校的创办与发展

1922 年，李衮辰、李典宾等台山李氏宗亲组织成立李氏学会，创办《李族月镜》族刊，团结广大宗亲，倡办台山李氏族校。不久，以台城正市街任堂祖祠（现台城一幼前身）为校舍，创办敬修学校，选出李芹波为首任校长，于同年 12 月 5 日举行开学典礼。从此，开启了台山海内外宗亲合办一所族校之先河。

办校之初，一切设备非常简陋，学校经费不充裕，全靠学会各位宗亲和本邑及广州、香港的族中殷商踊跃捐款，得以维持发展，并逐渐初具规模。

1926 年，李翘英被选为第二届校长，此后，他蝉联第三、四届校长，在任达 9 年之长。其间他大加整顿，校誉蒸蒸日上，加上他所聘任的各教职员工个个朝气蓬勃，学务日益发达。原来狭小的旧宗祠已无法适应学校发展的要求，李翘英与李菊辰、李星衢、李月垣等以李氏大宗祠的名义，向海内外宗亲倡议筹集资金建设新校舍，海内外宗亲一呼百应，慷慨解囊，兴建李氏大宗祠。1927 年 3 月，新校建筑出图纸，1928 年 4 月工程竣工，成为当时台城最恢宏的建筑之一。同年秋季在草莨街新校舍开办初中班，递年扩充班额，由 1 个班增至 4 个班，以任堂祖祠为第二校舍的小学部，班数也不断增加，当时全校有学生 700 多人、教师 26 人、校工 6 人。校董会和学校分别于 1928 年 3 月 16 日和 1932 年 3 月先后奉准立案。县教育局对于立案请求，作了"该校经费尚敷维持，设备亦颇完备，管教训练尚属合法，自可准予立案"的批语。1929 年 3 月间，李氏学会决议，向内地和外洋各处兄弟发出倡议，筹集办学基金，取得相当好的成绩，筹集基金 16 万元（银圆），在广州置有楼业一座。1930 年，发动筹捐图书馆，共募集图书 1.1 万多册，设立专用图书室，馆藏图书之丰富，在台邑中属少有。从此，李氏族校声名远扬，成为李氏子弟求学的首选地。在笔者的藏品中，有一封当年的银信（指海外华侨华人通过海内外民间机构汇寄至国内的汇款与家书结合体），记录了当年该校的状况，书信原文如下：

贤妻爱鉴：

　　昨接来书，一切详明。但小儿肄业，本当有智（志）者，必要高求上进，惟佢年幼，未晓何人料理？侧闻祈陞兄复回，言及本村有数位兄弟在台城李氏学校求学，学规十分几好，不如使小儿亦往台城李氏求学。但托何人料理，吾在外亦不知托何人。如妻汝在家中意托何人，任汝主意。吾昨本月中旬寄银壹仟大元，寄回云遇翁处，总共寄艮（银）壹万大元，存他（下）云遇翁处，切不乱言对他人说及。顺字之嘱。

　　　　　　　　　　　　　　　　　　　　均安

　　　　　　　民国拾（十）八年九月廿九号

　　　　　　　　　　夫：丽祈上言

这是 1929 年 9 月 29 日旅海外华侨李丽礽寄给台山横塘乡妻子的银信，信中讲到他的儿子在乡下读完小学，想继续求学，但不知去哪里读书好。此时，同村中有位兄弟回乡恳亲后返回国外，讲到"本村有数位兄弟在台城李氏学校求学"，学校规章制度完善，校风很好，"不如使小儿亦往台城李氏求学"吧。可见，敬修学校声名远扬，海内外乡亲人人称赞。

1935 年，李盈潘被选为第五任校长，仅任职半年，即辞职。李炳义继任校长，校务管理井井有条。

抗战爆发　校园蒙难

1938 年，李丛焰被选为第六届校长。因抗战爆发，学生减少，校誉也大不似前。1941 年，李颂勋任第七届校长，他想方设法，力图挽回颓局，终因时局影响，无法补救，加上当年台山两次沦陷，学校图书、仪器及教学用品损失很多，经费又异常缺乏，初中部不得不停学。1944 年，李俊庭被选为第八届校长，仅小学校勉强维持开办，但同年台山第三次沦陷，校内所有图书、仪器及教学用品均被劫掠一空，甚至连搬迁到四九南村的一部分较有价值的图书，亦完全毁于敌人的强烈炮火之中。至此，苦心经营 20 多年的族校，仅存校舍的四壁，而且破烂不堪。

复校之路　曲折坎坷

抗战胜利后，李其煜被选为校长，负责复校，一切从头开始。在那个举国烽火漫天遍地、农村破坏无法复兴、都市破坏无以重建、交通设备无力复原、经济组织无从安定、国内通胀急剧的时期，要复办学校，实属艰辛。所幸经过海内外宗亲的共同努力，不久，学校布置一新，1946 年 2 月，又开始敬修学校新的里程。

中华人民共和国成立初期，学校因故再次停办。1984 年，政府落实华侨政策，把原校舍归还给台山李氏，交给国家办学。1986 年 9 月复办。复办初期，由于停办时间较长，校舍曾被多个单位长期借用，长期失修，破烂不堪，天面桁桷霉烂下沉，遇雨天严重漏水，属危楼，严重威胁着师生生命财产安全。此外，学校教学设备全无，教育经费短缺。当时，复校委员会受海内外宗亲的重托，在台山县政府和教育部门的领导下，不辞劳苦，筹集复办学校经费，得到海内外宗亲的热心资助，教育部门派员出钱，将旧校舍进行首期修葺，共用去人

旧敬修校址——20 世纪 80 年代复校后的李氏大宗祠

民币近 15 万元，其中县教育局拨款 9.6 万多元，同时，教育局还调来 20 位教学经验丰富的教师。由于政府和筹委会的大力支持，全体教职员工群策群力，团结战斗，克服一切困难，敬修中学如期开学。

20 世纪 90 年代初，校董会根据旧教学楼已不适应教育发展要求的情况，发动海内外宗亲捐资，在旧教学楼前建起一座七层的新教学大楼和一座两层的学生宿舍及冲凉房，总造价人民币 207 万余元，其中旅港宗亲、著名实业家李灼文率先捐资 50 万港元，其后，美国、加拿大以及中国香港、澳门、内地李氏宗亲和海外各埠李氏公所纷纷响应，踊跃捐款。新教学大楼于 1992 年 12 月奠基，1993 年底全面竣工。1994 年，香港著名实业家李伯荣捐资 36 万元人民币，将旧教学楼修葺一新。在教学设备方面，建立了比较完善的教学工作服务设备，至 1999 年，学校已建立了"伯荣电脑室"、语言室、档案室、画室、图书馆、阅览室等。同时，各班级逐步实现了电化教育，学校的设备一年比一年先进。1996 年，学校得到香港著名实业家、敬修学校名誉校长赞助 100 万元设立"李星衢教育基金"，每年从存款利息中，奖励勤教勤学的师生，充分调动了教师的工作积极性和学生的学习热情。

建设新校区　成为省级重点职校

2005 年，由于学校校舍狭小而陈旧，没有操场，无法适应新时代的办学需要，阻碍了学校发展等原因，李氏宗亲倡议、发动海内外乡亲捐建新校区，集腋成裘，捐资 2000 多万元。其中，李伯荣捐资 800 多万元，是捐资最多的。台山市政府在台城礼边村划拨土地 10.87

万平方米建设新校区。2005年11月举行新校的奠基典礼。2008年9月，学校迁到新建成的校区开学。2009年3月，台山市四九中学并入敬修中学。2009年4月，为顺应国家发展中等职业教育的形势，学校更名为"台山市敬修职业技术学校"，成为一所以美术设计、计算机应用和汽车运用与维修等专业为主干专业的中等职业学校，成为台山市政府重点打造的中职学校。2009年6月，敬修职业技术学校升格为江门市重点中等职业技术学校。2015年3月，台山市整合优化中职教育资源，将台山市卫生职业技术学校整体并入敬修职业技术学校，实行"一套班子，两块牌子"的管理机制。学校整合后进行专业调整，开设有工艺美术、汽车运用与维修、护理药剂、美容美体、计算机应用、物流管理等专业。全日制中职在校生2100多人。2016年2月，敬修职业技术学校升格为广东省重点中等职业学校。

"敬修"之校名，是何含义？笔者的父亲李焕麟于1948年在敬修学校读书，保存有一本《台山敬修初级中学同学录》，里面有"敬修

学校新貌

初级中学校歌"，其歌词如下：

"敬修敬修，何所敬兮何所修？敬德修业，敬德修业为其首，还有礼、义、廉、耻四训条做信守，努力奋斗，努力奋斗莫停留，筑起黄金般世界，创造人生三不朽，未来光明是我们的希求，未来光明是我们的希求。"

可见，"敬德修业"是办学的宗旨，也是对走出这个校门的每一位学子提出的为人处世的座右铭。在"敬德修业"的校训下，一代又一代的台山李氏宗亲和敬修学人自强不息，继往开来，学校不断发展壮大。如今，百余岁的敬修职业技术学校充满着社会主义新时代的新活力，成为台山市一所规模大、实力强、教学水平高的职业技术教学龙头学校。

育英中学
——从清末私校到现代黉舍

口述/谭广雄　整理/麦博恒

　　台山市育英中学，前身为创办于 1907 年、位于台城龙藏里（台城环城西路 12 号，今台城天岭广场内）的台山城谭氏学校。作为校董会副董事长，我这些年亲闻、亲历、亲见它的变迁与成就。

提倡兴学　奋发自强

　　台山海内外谭氏族人素有崇尚师道、重视教育的优良传统。1905 年，谭毓之、谭卓楼、谭太冲等人发起筹办谭氏学校倡议，《谭氏学校实录》记载了当时发起募捐的情况，《裔璞劝捐兴学书》写道："裔璞兄久游美洲，饱吸欧风。当光绪三十一年（1905 年）夏间，有志提倡兴学。爰定简章，寄书各埠，劝告宗人，募捐兴学。当时伯叔昆季，多赞成之……铁肩并识，今者敝埠同人，欲为我谭族创办两等小学校一所，以为培植人才之基。选择台城瀚翁（谭瀚翁祠）、天麟（谭天麟祠）两祖祠为校地，俟款筹足，然后次第推广。但创办伊始，经费浩繁，非借族人捐输，奚能成斯钜举。今特驰函遍告，尤冀极力赞成。异学校成立，人才蔚起，不特吾族之光，抑亦国家之幸欤。光裕堂裔璞等谨启。"

谭氏学校创办之初，首先由国内谭氏族人捐款，后派谭毓之、谭卓楼、谭伟臣等人赴香港发起募捐，旅港宗亲积极响应，所筹得经费为学校添置教学设备。《谭氏学校实录》就记载了这一情况："光绪三十二年（1906年），某（谭卓楼）与毓之等发起谭氏家族办学事务所，寓于台城瀚翁太祖祠（谭瀚翁祠）内。……某即与毓之、伟臣三人往港劝捐。旅港诸君捐有千余元，即回省充得校具全副。"

1907年，"台山城谭氏学校"在台城龙藏里谭瀚翁祠、谭天麟祠两祖祠中开办，有学生100多人，第一任校长是谭毓之。校训是"诚、俭、勤、劳、美"，一直沿用至今。开设的科目有国文（语文）、算术、珠算、尺牍、历史、地理、自然（常识）、体育、唱歌、图画、习字、手工等。

为更好地支持谭氏学校的发展，旅港宗亲谭光中、谭子浓和谭伯权，代表台山谭氏宗亲于1910年和1919年分别在香港上环摩罗上街四、六、二十八号购买三处楼业作为校产，每年所收租金汇回学校作为办学经费。

由于学生不断增加，学校只好借用复翁（谭复翁祠）和仲敬（谭仲敬祠）两祖祠使用，以解决场地不足问题。又于1922年2月，谭氏族人捐资购买民房改建成三层的新纪念堂一座；1923年3月，谭氏族人捐资改建谭复翁祠，进一步扩大了学校规模。

1926年，我的父亲谭蔚亭担任学校校董会董事长，在他的倡议下，"台山城谭氏学校"更名为"台山城谭氏育英学校"，他亲自为学校更名揭幕。1935 年春，我的父亲又积极推动育英学校升级，同谭毓之、谭卓楼等人大力倡议发动谭氏海内外宗亲募捐扩建校舍，增设初中部，把"台山城谭氏育英学校"改名为"台山城私立谭氏育英初级中学"。学校有小学 6 个班共 125 人、初中 4 个班共 106 人、教职员工 18 人，校长由谭湛伦担任。

1928 年 4 月，我的父亲与谭铁肩、谭景舜、谭鹤明等多名宗亲发起倡议，以入股形式，在白水紫霞山附近的船底坑、尔发坑垦荒植树，投资开办育英林场，提取收益的三成，为育英学校提供办学经费。

1941 年开始，由于抗日战争，育英中学不得不迁往附城白水旧村"五马归槽"继续上课。1945 年秋，抗日战争胜利后，学校迁回台城原址。1948 年，全校学生发展到 757 人（中学 157 人、小学 600 人）。

谭氏学校先后利用台城龙藏里的谭瀚翁祠、谭天麟祠、谭仲敬祠、谭复翁祠、谭德超祠、伍田心祠作校舍，学校规模不断扩大发展，学校声誉极高，在社会上产生了积极影响。

1952 年，县府对全县学校进行调整，"私立谭氏育英初级中学"停办，与"汽工""女师附小"合并成为台城第一小学，校址设在育英中学原址上。1960 年，因建设需要，台城一小搬迁到台城三台路、光兴路一带。

复办"育英"　矢志育才

1983 年 7 月，谭氏宗亲成立了"台山县育英中学复校筹备委员会"，开展各项复校工作。旅港宗亲谭融和、谭健湛，旅美宗亲谭永昌、谭荣杰大力发动海内外乡亲，支持育英中学复校。我秉承父志，献计出力，与筹委会有关成员亲赴香港和美国等地，做好宣传发动和筹集资金工作。

在县委、县政府的高度重视和支持下，1984年6月30日，停办32年的育英中学终于复校。谭融和、谭健湛、谭永昌、谭荣杰等宗亲，美国纽约昭伦公所和香港白水谭氏同乡会、文章会，以及谭氏海内外乡亲共捐得20万港元，支持学校复办。

1984年9月1日，台山县育英中学正式复校开课，招收初中一年级学生3个班；1985年9月，招收初中一年级学生2个班。两个学年育英中学就有教学班5个班，学生280人、教职员工18名，谭树沛担任复校育英中学第一任校长。

1984年复校后的育英中学　谭楚明　提供

1987 年 9 月，增设高中班，由于学生人数增加，校舍已不适应教育发展需要。1988 年 3 月，谭氏宗亲成立了"台山育英中学教学大楼筹建委员会"，向海内外宗亲发出筹建新教学大楼的倡议。此举得到美国纽约昭伦公所，加拿大满地可谭氏白水公所、谭源源堂，香港台山谭氏白水公所，旅美以及旅港谭荣杰、谭兆滋、谭健湛等，以及海内外宗亲的鼎力支持，共捐得款项折合人民币 82 万元，支持兴建的五层教学大楼于 1990 年竣工。学校占地面积 2789.6 平方米，建筑面积 4461.6 平方米。

在县委、县政府和谭、淡、许、谢、阮五个姓氏的海内外乡亲，以及有关社团的关心、支持下，育英中学经过多年发展，取得了很大进步。1989 年上学期开设有 10 个教学班，其中初中三个年级（初一至初三）共 6 个班，高中两个年级（高一、高二）共 4 个班。在校学生 520 人，其中属于谭、淡、许、谢、阮五个姓氏的学生有 208 人，仅占学校学生总人数的 40%，60% 的学生是其他姓氏；台城地区的学生占少数，大多数学生是四乡的子弟。育英中学已超出姓氏、地区的界限，成为一所面向全县统一招生的完全中学。

1994 年 9 月，育英中学高中部改办职业高级中学，开设计算机应用、英语与电脑三大专业。几年以后，学校发展壮大起来，2000 年 9 月，招收职业高中班 4 个班、初中班 9 个班，学生 634 人、教职员工 42 人。

与此同时，学校各项设备设施也逐步得到完善。1988 年，在美国纽约昭伦公所和香港台山谭氏光裕同乡会的大力支持下，组建了乐器齐备、档次较高的银管乐队。1998 年起，为配合学校现代化和信息化教学需要，我利用自己的人脉关系，积极发动美国纽约昭伦公所捐出

2.7 万美元，为育英中学购置一体化复印机等现代化办公设备；发动美国纽约昭伦公所先后共捐出人民币 50 万元，为学校配置多功能语音室和电脑室各一间，语音室可进行多媒体教学，有 110 台电脑并可以同时上互联网，上课时每位学生人手一台电脑；针对银管乐队原有的设备已落后和老化现象，我又发动美国纽约昭伦公所捐资购买了一批高品质的银管乐队设备，供学校使用。

在海内外宗亲和有关社团的大力支持下，设立了多项奖教奖学金。1997 年，香港台山谭氏光裕同乡会，旅美谭汝熙、谭广伦、谭振爔、谭棋添、谭卓辉等宗长，以及旅加拿大、新西兰、东南亚各地宗亲共捐出 110 万元，成立"育英中学办学基金"；1998 年至 2008 年，旅美实业家谭良安宗长为育英中学每年捐出 1000 美元设立"谭邝秋英奖学金"；2002 年起，谭广伦、谭广雄昆仲家族每年捐资 1 万元设立"谭蔚亭奖教金"。

同心同德　共襄善举

育英中学校舍几经风雨，破旧落后，而且接近繁华商业区，扩建无地方。为适应教育形势发展，育英中学复校第五届董事会董事长谭国渠及谭黄小玲、谭炳根、谭伟豪、谭自强等于 2003 年冬发出倡议，择址兴建新校区，海内外乡亲和有关社团乐捐善款，折合人民币达 1500 万元。

在台山市委、市政府，市教育局，台城街道办事处、白水村委会，美国纽约昭伦公所，中国香港特区台山谭氏光裕同乡会等社团，海内外谭、淡、许、谢宗亲以及社会各界热心人士的大力支持下，育英中学新校区选址在台城白水村委会游鱼村八家洞，于 2004 年秋奠基，翌年春破土动工。2006 年 9 月，新校区落成使用，总投资人民币 2500 多万元，占地面积 5.2821 万平方米，建筑面积 1.7632 万平方米，可容纳 2500 多名学生同时就读，是台山市最大规模市直公办初级中学之一。

2006 年 9 月，育英中学设有 28 个教学班，在校学生 1527 人、教职员工 101 人。至 2024 年 9 月，有教学班 38 个，学生 2000 多人、教职员工 154 人。

育英中学搬迁新址后，海内外宗亲和有关社团一如既往捐助资金，开展奖教奖学。2007 年，育英中学董事会名誉董事长谭成复捐出人民币 10 万元支持奖教奖学，董事会其他成员也连年捐出一定款项支持奖教奖学；2007 年起，香港台山谭氏光裕同乡会每年捐出 1.2 万港元设立"奖教奖学金"；2008 年起，旅港谭德安、谭德定昆仲每年捐出 2000 港元分别设立"教学突出贡献奖"和"常乐杯学生十大歌手赛奖"；2010 年，香港热心人士严渭榆和何枚杏分别捐出 2000 港元设立"培优助学奖"；2011 年起，旅港谭德定、梁仪伉俪每年捐出 3000 港元设立"常康杯羽毛球赛奖"，旅港谭钟秀琼女士捐出 2000 港元设立"优秀班主任奖"；2012 年，居住在上海市的谭浩然教授家族捐出人民币 2000 元设立"谭锡鸿助学金"；从 2014 年起，旅港谭伟生先生每年捐出 3000 港元设立"教职工羽毛球赛奖"；2015 年起，旅港谭国尉、蔡淑真伉俪每年捐出人民币 2000 元设立"学生优秀书法奖"；2016 年起，旅港谭子平、林梅伉俪每年捐出 3 万港元设立"卓越教师奖"，2016 年旅港谭嘉晋捐出 1000 港元设立"关爱教师奖"；2010 年起至今，旅泰国乡亲谭瑞林宗长伉俪共捐出人民币 70

育英中学鸟瞰

万元成立奖教奖学基金，另捐人民币 10 万元支持学校购置 30 台笔记本电脑。

学校先后被评为台山市优秀学校、台山市教育系统先进基层党组织、台山市教研工作先进单位、台山市优秀道德讲堂、台山市德育工作先进学校、台山市文明示范学校、台山市美育工作先进集体、台山市创文工作先进集体、江门市初中协同教育优秀学校、江门市初中教学水平优秀学校、义务教育规范化学校、江门市法治校园、广东省安全文明学校；2019 年起，连续多年荣获台山市教学质量先进学校二等奖，荣获江门市协同教育二等奖；有 300 多人次获得国家级、省级、市级等荣誉；2019 年至今，连续多年考上台山一中的人数在台山市名列前列。

　　口述人：谭广雄，1942 年 6 月 11 日出生于台城，祖籍今台山市台城圆山村委会潮盛村，是谭蔚亭（1890—1981 年，台山公用事业的奠基人之一）的第五子；1960 年于台山一中初中毕业后回乡务农；1984 年 2 月，落实政策回城，分配在台山县华侨友谊总公司人秘股工作，后当保安主任直至退休；1986—2001 年开办台山致华英语培训中心，2001—2014 年改办台山新华英语训练中心；台山光裕月刊社副社长、台山育英中学校董会副董事长。

文海中学忆事

整理 / 陈炎抗

　　台山市文海中学位于台山市西南汶村镇郊北，南濒南海，北靠笠帽山峰。百余年来，经历了战争的洗礼，从一间小学堂变成了现在各项教学设备设施完善、教育教学质量逐年提高的农村中学。

　　文海中学的前身是文海书院。宣统二年（1910 年），文海书院更名为文海小学堂。抗日战争爆发不久，广州大学附属中学一度迁到汶村，借文海小学堂部分教室开课，并在海宴都招收学生。1946 年春，改名为文海中学。1948 年底，经申报台山县教育局立案，定名为台山县文海中学，后改名为文澜中学。1956 年秋，又定名为台山县文海中学。1958 年，随着"大跃进"运动的开展，原台山县第三中学迁到文海中学，两校合并，取名为台山县第三中学，并定为县完全中学，面向全县招收高中、初中学生。"文化大革命"结束后，按地区定校名，因而改名为汶村中学。直到 1979 年，随着高考的恢复，学校复名为文海中学。

　　文海书院是台山四大书院之一，与宁阳书院、广海书院、潭州书

文海书院

学校大门口

院同时而建，均于清乾隆三十五年（1770 年）由知县康基田创建，之后一直是兴学育才之地。文海书院为汶村举人陈文伯负责兴建，陈文伯曾任广州越秀书院院长，学问渊博，桃李满天下，是清一代之名儒。文海书院旧址现有一块石匾，上刻"文海书院"四字，为康基田手迹，浑厚遒劲。奎星阁是唯一保留下来的文海书院时期的建筑。

文海中学目前占地面积 4.68 万多平方米，建筑面积 1.86 万多平方米。各类功能场室和现代化教学设备设施配套完善，校园布局合理，环境幽雅。2010 年秋开始，根据台山市教育局"创强"的工作安排，把原汶村鹏权中学并入文海中学，成为台山市教育局主管的一所农村骨干初中。

文海中学虽几经易名，但育桃栽李，培育了一批又一批英才，为世人盛赞，其中的优秀代表有：著名建筑家、北京人民大会堂 4 位设计者之一的陈伯齐，美籍华人著名科学家、航空航天专家陈天枢，著名画家陈洞庭，高胡、二胡演奏家陈国产等。

近年来，文海中学全面实施素质教育，获得多项荣誉：2015 年，荣获台山市优秀学校奖，被评为台山市文明单位；2017 年，荣获中小学电脑制作活动组织指导工作先进单位；2018 年，被评为台山市教育系统德育工作考核先进单位；2019 年，被评为台山市文明校园。获 2021—2022 学年教育教学质量先进学校进步奖，江门市初中阶段协同教育质量进步奖。此外，曾在台山市初中排球比赛、现场书画大赛中获得多项荣誉。

城东小学简史

卢　滨

　　台山市台城城东小学位于台山市台城园田村，学校建于 1921 年，原名"培基小学"，1958 年与圣塘村、美琴村、丰华村书塾合并更名为城东小学，一直沿用至今。城东小学属台城街道管辖的一所规模较大的全日制完全小学，是一所洋溢着悠久历史韵味的文明摇篮。

　　学校初创时期，只是一所简陋的乡村小学。在时代潮流的推动下，如今的城东小学砥砺前行，逐渐蜕变为一所设施齐全、教学质量优秀的现代化学校。这一路走来，学校的发展得益于众多热心教育事业的乡贤和企业家的支持。1996 年，旅港乡亲李陈维湘慷慨捐资 100 万元，原附城镇人民政府再投入 20 多万元，共同为学校增建了一幢六层的李灼文纪念教学大楼。

　　学校占地面积 4933 平方米，校舍建筑面积 4840 平方米。校园布局合理，校园文化建设别具一格，环境优美，教学设施先进，育人氛围浓郁。有规范化的多媒体电教室、仪器室、电教主控室、卫生室、心理辅导室、科学实验室、藏书室、教师阅览室、学生阅览室、综合

1992 年 9 月城东小学新校舍奠基仪式

1993 年 12 月城东小学新校舍建成剪彩

档案室、生物园、展览室、计算机室、音乐舞蹈室、美术室、体育室等共20间，还有130米的环形塑胶跑道田径运动场、1个篮球场、2个排球场及体育、卫生器材一大批。安装了20个多媒体教学平台，教学仪器按标准配备，基本能满足日常教学所需。图书室藏书2.92万多册，生均27.9册，基本满足学生课外阅读的需要。

学校现有21个教学班，学生841人、教师39人。学校突出"人文融入，和谐发展"的办学理念，秉承"文明、勤奋、活泼、整洁"的校训，形成"诚信、睿智、善行"的校风，"敬业、爱生、善导"的教风，"乐学、勤思、进取"的学风，致力打造"仁爱教育"办学特色，涌现出一批师德高尚、业务精良的教师，培养出一批又一批品学兼优的学生。学校先后获得全国排球特色学校、广东省优秀科研单位、广东省书香校园、江门市文明校园、台山市德育工作先进单位等荣誉称号。

南强学校

——南强子弟 1979 年开始免费读书

黎彩娟

2024 年 10 月 19 日，我到台山市台城街道水南乡南强学校了解这所百年侨校的历史。当天是周末，学校的值班人员带我参观了校园，还为我联系了《水南侨刊》的编辑陈壮老先生。遗憾当天没能面

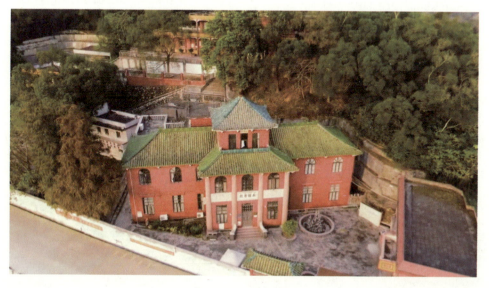

南强学校

见，后陈老托人转来《水南南强学校校史》和《香港水南南强学校基金会实录》两书，且接受了我的电话访谈，得以再现南强学校百年史。

水南村委会是陈文起的后裔聚居地，此地前临曲水、后枕朱洞山，还有一个集市，既有宜居的环境，又有兴旺的人气，是个福地。尤其是坐落在飞鹅山的南强学校，红墙碧瓦、绿树掩映，为此地再添一处风景。水南现有自然村14个，在当今城镇化浪潮之下，仍有常住人口1000多人。

陈符祥捐 2.37 万元建学校

追溯水南乡的办校史，最早始于1915年，其时水园村开设则正学校，之后水园村办女校、江南村办男校，其他各村也纷纷办起村校。这些都是私塾，学生二三十人，读四书五经，以擅长吟诗作对、写八股文为有才学。

南强学校诞生于1919年。那时乡人认为私塾教育跟不上时势，提议集中办乡校，陈乐业、陈丽尧、陈励如等人召开族务会议，商量办学事宜，并征求香港乡亲陈符祥的意见，陈符祥表示大力支持，并捐银毫币2.37万元。学校名为"南强学校"，校址在南溪里，以时秀祖祠及其后楼为校舍，仅设两个高级班，五年级、六年级各一，共100人。周边各村设5个分校，办初小班，每个分校学生约30人。各年级的学生集中在一起，由一名老师轮流上课，实行复式教学。

南强学校主楼　章郎　摄

建校初艰苦办学

学校建起来了，但仍属分散式，影响教学质量，遂于1928年撤销分校，全校高小、初小集中到南溪里上课。但300多人挤在一起，南溪正校及第一分校的课室容不下了，只好租赁陈操业的祖屋，再借用南溪灯棚，甚至盖起葵寮为课室。1930年，乡贤们发起筹款，在飞鹅山建校，并推选陈杨德为主任，陈天德、陈德日为副主任，陈德明担任海外募捐员。海内外乡亲一呼百应，很快就筹集到建校资金。学校于1934年8月25日奠基，1936年春竣工，一幢三层高、朱楼碧瓦、中西合璧的新校舍，矗立于水南乡间，成为水南人的骄傲。

新校舍只有4个教室，无法供6个班级使用，所以新校舍落成后，一、二年级仍借南溪里的时秀祖祠为课室，运动场狭小，排球、篮球场混用一处，学生的书桌和教师的办公桌都是长木板钉上4条木腿，摇摇晃晃的。唯一拿得出手的是学校的鼓乐队，那是新西兰乡亲捐赠的大鼓、小鼓和喇叭等鼓乐器材。台中（台山一中）新校舍落成开幕时，南强鼓乐队前往助庆，奏乐时鼓声如雷，震撼全场，令人称叹。

开办学校以来，教师工资及学校运转靠学生缴交的学费（或学米），紧缺的经费导致教育水平难以提升。抗战胜利后，旅美芝加哥乡亲陈九德、陈叶德、陈慈业等30多人，组建南强学校基金会，并派员往各国募捐。1946年，募集到资金9.57万元，后用8.8万多元在香港湾仔购买四层楼作为校产，收取租金助力学校发展。有了校产这个后盾，学校从此走上了快车道。

基金会助力学校大步发展

中华人民共和国成立后，全国各项事业由人民政府统一领导，教育工作也不例外。南强学校学生人数增多，校舍也随之扩建，学校基金会贡献巨大：

1950年，由旅居国外的陈祥暖之后人赞助，以及基金会拨款，在操场边兴建教室3间；

1956年，基金会拨款在山边扩建平房课室3间；

1965年，在操场尾续建平房课室4间；

1982年，兴建一座三层楼房作图书馆；

1983年，扩建原有球场，场内设两个排球场地，三面看台可容纳观众2000多人。同年5月，又在山顶投资18万元兴建一座三层高的红墙绿瓦教学大楼；

　　1992 年，投资 40 多万元，兴建一座幼儿楼，以及校园挡土墙；

　　1993 年，投资 40 多万元，建起一座有标准灯光设备的体育馆；

　　1994 年，投资 13 万元兴建楼高两层的接待室；

　　1995 年，投资 13 万元为原校本部教学大楼装修翻新；

　　1996 年，投资 10 多万元，修建学校两个门口的大门楼。

　　学校购置的先进设备也为其他各校鲜见：1985 年投资 4.8 万元兴建一座标准的三级化粪池厕所；1988 年投资 2 万元购置一套铜管乐器19 件，组成一支铜管乐队；1992 年投资 1.2 万元，安装图书馆的设备。基金会还从香港购进新型铁脚架防火板面的课桌椅 600 套，讲堂用的桌椅 25 套，教师办公桌椅 25 套，图书一大批，全能音响一套……

南强基金会芳名录

随着接连不断的建设，学校规模逐渐扩大，设施日趋完善，吸引了优秀的师资，教学质量快速提高，成为水南片区6所小学里的佼佼者。

创办幼儿班，也是南强学校的实力体现。1974年，南强学校实施幼儿园、小学、初中、高中"一条龙"的教育机制，有学生550多人，是南强学校有史以来学生人数最多的一年。

基金会不只注重建设学校，还注重奖学助学。1979年前，学生开学前缴交一学期的学杂费，方可注册入学。但自1979年开始，基金会不仅承担所有办学经费，还给南强子弟一个大福利：免费上学，免费提供课本。

从1981年开始，每学期给每位学生的文具补助费2～3元。此外，还设奖学金：在小学升初中考试中，考上台山一中的奖励35元，考上台山二中的奖励25元，考上水南中学的奖励15元；考上高中的奖励50元；考上大专的奖励100元。另给教师每月提高工资15%。

一位教师的回忆

2024年11月，笔者采访了曾在南强学校任教的黄标朋老师，他现任横湖小学校长。

1999年前后，黄标朋在南强学校工作了7年，曾担任过班主任。他记得很清楚，当时一个班约50人，水南人占了2/3，每学期免除300多元学费，所以水南籍的孩子大多留在南强读书，有些搬家到台城的也回来就读。作为片区重点学校，教师们很有荣誉感，大家都奋勇争先，稳住学校的龙头地位。

2002 年，基金会建了一栋教师宿舍楼，有了套房宿舍，教师的工作劲头更高了。基金会还给教师每月发补贴 250 元。黄标朋说，那时工资 600 多元，加上基金会发的补贴，等于收入涨了 1/3，大大激发了教师的积极性。校董会成员中有一名是村干部，南强学校需要建设或添置设备时，通过该村干部转达，问题很快就得到解决。

南强学校的排球实力很强。南强村每年春节都举办比赛，第一名奖励 5000 元，所以水南村打排球气氛浓厚。那时的体育老师朱宜健很用心教学生打球，下午 4 时 30 分放学后，还组织学生打球，在寒暑假也义务为学生训练。严师出高徒，南强学校女排参加台山市排球比赛，曾获 10 连冠，名噪一时。

笔者翻看手头的《香港水南南强学校基金会实录》，此书编于 1991 年，泛黄的扉页上写着"愿我水南海内外乡亲，弘扬香港水南南强基金会诸君共扶桑梓、乐善为怀、爱国爱乡精神，振兴教育，建设家乡"，落款是水南侨刊社社长、南强学校董事长陈灼乐。这短短寄语，字字真情，华侨和港澳同胞热心教育的情怀，尽在其中。

南坑小学

——华侨置办校产运营学校

黄艳丽

台山市台城南坑小学始建于 1912 年，1915 年落成，初名南州学校，位于台山市台城南坑村桥头墟东侧，由康有为弟子、维新志士黄嵩龄题名，他也是学校的首任校长。1949 年后，学校更名为南坑小学，又名学禄学校。2022 年，学校被列为台山市文物保护单位。

1912 年，由华侨黄英兰等倡议，美国、加拿大、菲律宾和新加坡等地的南坑村华侨共 300 多人踊跃捐资，筹建美祐黄公祠，同时承载着祠堂和学堂的双重功能。祠堂中西合璧，以青砖、花岗岩、红瓦和坤甸木构建。1944 年，学校被侵华日军占领，瓦面遭到损坏，此后历经几十年风雨侵蚀，损毁更为严重。1988 年，村中华侨再度捐款，将顶层改建为混凝土结构，2005 年，教学楼二楼原本的木结构也被改建为混凝土结构。

站在校园门口望去，水泥地面平整干净，主楼古色古香，隐于两旁树丛中。主体建筑为一栋三层主楼、上设方形二层将军帽顶瞭望亭及两翼二层平屋顶的西式建筑物，一楼两侧是对称柱廊骑楼式走廊，

南坑小学　李亮源　摄

鸟瞰南坑小学　李亮源　摄

大门上方有"美祐黄公祠"五个苍劲有力的大字。此楼由一个内部庭院和围绕其四周的建筑空间组成，形成了一个"回"字形的整体布局，体现了当时独特的建筑风格和艺术特色。

建筑材料为青砖，不仅坚固耐用，而且保留岭南建筑的传统特色，同时融入西方建筑风格，形成独特的建筑风貌。每扇窗上均加了精美的圆拱窗檐，既起到遮风挡雨的作用，又具有一定的装饰效果。

主楼旁还有一座名为"美祐碉楼"的建筑，始建于1916年，由美祐公一房捐建。碉楼高五层，集防御和居住于一体，整体中西合璧。窗户极小，既有铁栅，又有铁板窗门，便于防守。二楼以上四面均有枪眼，共计66个。碉楼顶端建有一座六角圆形小亭子，极具特色。

当年华侨捐资办学的同时也置办产业，用于学校资金运营，也就是"校产"，而南州学校就是台山新式学校中最早置办校产的一个。当时建校资金的余款，被用来在广州购置校产，包括四层钢筋水泥楼房四栋、砖木结构两层楼房九栋，以租金支持学校运营。

相比台山地区的大多数乡村学校，南坑学校显然是幸运的。历史悠久的它至今仍承载着教育功能，尽管学校经过了百年沧桑岁月，但始终焕发出独有的人文气息和文化底蕴。

横湖小学
——创立伊始为男校

黎彩娟

2024 年 10 月的一个周末，笔者到访台山市台城横湖小学，校长黄标朋热情地接待了我，带我参观了校园。他说："校楼形状特别，正对大门的是主楼，主楼左右连接两座楼，向外扩张，如大雁展翅北飞。这是华侨捐建学校时提出的建议，希望横湖子弟学有所成，展翅高飞。"他坦诚地表示，对于建校历程，横湖村委会宝生村村长、横湖小学校董会副董事长刘卓治更为清楚。

刘卓治很快就到了，带着几册《横湖刘氏族谱》，其中最早的一册编修于 1871 年。显然，他是有备而来。

在学校"右翅膀"二楼的值班室，刘卓治回忆了横湖小学百年史。

拆掉北帝庙建学校

横湖刘氏来自新会县雅屋村，后来迁至台山县大江曹岗、台城的南门。大约在 18 世纪 60 年代末，刘氏迁至横湖，现有 6 个自然村。

横湖小学

在这 200 多年里，横湖出了很多人才，这源于历代横湖人重视教育的传统。

横湖小学始建于 1912 年。当年的正月初四，以台山县县长刘栽甫为首的有识之士聚集在一起，商议创立刘氏家小学校，该提议得到全族的响应。当天夜里，即砸掉位于龙岗村的北帝庙。随后，开始逐步建校。次年，利用旧庙址改建的学校完工，校楼是一座四檐滴水的洋房，很气派。学校定名为横湖乡刘氏初等高等小高校。

学校虽然建好，但办学经费还没着落。关键时刻宗族祖偿发挥了作用，解了燃眉之急。横湖乡源自一宗族，元实祖后裔各房都有祖偿——祖上留下的财产。各宗族划拨祖偿 500 元，另有各界捐银 200元，合起来 700 元，作为办学经费。

旧庙址用作课室，但其他设施还缺乏，学校决定以租赁的办法解决，租用同吉商号为宿舍，并租公进、维翰、维信祖三股田，即 3 份田地，锄草平整好，用作操场。

1913 年正月，学校开学，仅招男生。当天，台山县的县长、督学、局长都莅临开学礼。同年 5 月 1 日，广东省政府教育司批准学校立案。不久，在庙址后续建新洋楼一座，耗资约 9200 元，资金依然来自祖偿，族人把元实、祀山、仰五各祖偿田卖掉，洋楼得以建成。

华侨额捐办学

学校还成立了董事会，便于筹款建校。1917 年冬，董事会制定了捐款章程和奖励办法，建议村人捐款，还寄信到外国，发动旅居国外的华侨兄弟捐款，甚至采用额捐的办法，规定本族美洲乡亲额捐 75 美元。至 1924 年，共获捐款 1.2 万元（银圆）。

为长远计，董事会在香港油麻地吴淞街购洋楼一座，作为校产，收取租金，用于学校运转。此外，还回收各旧会偿产。旧会，也就是祖上各分支组织与店铺。学校出资改建后，再管理使用。1932 年冬，用国外汇来的捐款，在县城环城南路建新楼一座，每年收取租金，充实办学经费。当初租作操场的三股田，也于 1932 年付田价银 600 元，买断归学校。

至此，学校有了完整的架构，有了不间断的经费，保障学校运转。刘氏子弟免学费入读，另有奖教奖学金。

当时龙扬村、宝生村设有女学，后租用同吉商号作为校址。1926年，与男校合并，并将校名"刘氏"二字删掉，改名横湖小学校。

横湖小学百年，历经 3 次建校：一建，在龙岗村侧，1960 年拆掉；二建，移至今台山市台城中医院对面，即沙岗湖路 100 号，耗时两年建校完毕；三建，即鹅翼山现址，台城沙岗湖路 106 号。

数十年间，学生越来越多，校舍不够用了。1960 年，横湖大队决定拆掉旧校舍，在鹅山中部建横湖小学，各生产队出人出力，出部分物资，建有教室 9 间、校务处 1 间、宿舍 7 间等。5 年后，校舍遭遇雷击，有人员伤亡。20 世纪 70 年代复设初中班，学制 2 年，连同小学 5 年，共计七年制。

刘卓治便是在那个时期入读的。他 1962 年出生，7 岁入学，在横湖学校读了 5 年小学、2 年初中。他记得，毕业时有 330 名学生，教

横湖小学礼堂

师十二三人，还有一位厨工，负责给教师们做饭。老师教学很负责，但教材匮乏。在艰苦的条件下，刘卓治于 1976 年毕业。1984 年夏，学校撤销初中班。

迁校于鹅翼山上

学校曾遭雷击，家长颇为担忧，异地建校的呼声很高。1983 年，校董会组成 20 多人的筹建委员会，发动海内外乡亲捐款，但获得的捐款不足以建校。到了 1988 年，香港油麻地三层的校产楼属危楼，董事会认为如不尽快卖出，待港府下令拆楼时，会颗粒无收。校董会计划卖出此楼，购回面积少一半的二手楼。1989 年春，时任校长刘德广主动找附城乡副书记雷国钦沟通，获得支持。雷国钦联系了一位谢姓港商，并协助谢生办理港方内地手续，一个月内办妥成交，售价 200 万元。1989 年 6 月，香港楼价大跌，董事会抓紧时机，买回面积和危楼相当的三层钢筋水泥楼房。

董事会将购楼余下的 80 万元用于筹建新校，一边动工，一边发动海内外乡亲解囊相助，获捐款 1.7 万美元、3200 港元、人民币 2.3 万元。耗时一年，学校于 1990 年竣工，耗资 82 万元。一座大楼矗立在鹅翼山上，占地 9000 多平方米，建筑面积 2500 多平方米，教室 12 间。

刘卓治特别用了"巍峨"一词描述教学楼，因校楼建于山上，地势较高，加之学校在城郊，附近无高楼，视觉上确实显得巍峨。

黄标朋介绍，现今学校占地 9600 平方米、校舍建筑面积 2590 平方米、学生 201 人、教师 15 人。学校设施齐备，建有科学实验室、计算机室、图书室、美术室等九大功能室。但学生人数锐减，原因是附近新建了新宁小学，近 200 名学生选择到新学校就读。

现在，董事会依然对刘姓学子发放助学金、奖学金，小学生每年助学 300 元、初中生 500 元。考上台山一中的奖励 2000 元，考上大学专科的 2000 元、本科 3000 元、重点大学和研究生 5000 元。

刘卓治说，横湖是个出人才的地方，刘栽甫是民选县长，他 1921 年至 1927 年在任，是民国期间台山任县长职位时间最长的一位。他利用台山获准自治的契机，搞好规划和交通，还特别重视教育，如 1922 年，全县有小学 200 多所，到了 1928 年，则达 1095 所。这五六年，正是刘栽甫任县长期间和离任后一年内。如今在台山市华侨文化广场，立着刘栽甫的铜像，供后人瞻仰。

一代代的华侨都在为横湖学校出钱出力，例如：刘耀群，美国纽约华人协会会长，作为侨领，他积极发动华侨捐款，在横湖学校建校史上功不可没；刘耀寰，黄埔军校 1～4 期教官，晚年居住在美国，仍挂念家乡子弟，回国参与横湖学校策划；刘洪盛，侨居美国波士顿，他以侨领身份，动员华侨捐资办学；三建校园时，在以刘文尉为首的董事会的积极倡议下，刘顺德、刘李碧云、刘耀寰后裔、刘景松等侨胞捐出巨资，之后再次慷慨解囊，为学校增添设施、成立奖教奖学基金会。

麦巷小学

——112岁的农村小学

整理 / 刘超敏

台山市大江镇麦巷小学处于台山市大江镇北面、潭江南岸、观音山脚下，是一所办学历史悠久、文化底蕴深厚的农村小学，它始建于民国元年（1912年），撤并于2024年。

民国时期，各村相继开办私塾，麦巷村没有地方办私塾，旅居海外的梁周耀和梁奎南等一群怀揣着教育救国梦想的海外华侨，萌生了筹资办学的想法。他们带头捐资，为家乡的孩子们搭建了一座知识的殿堂。

办学初期，条件极为艰苦，乡亲们因地制宜，利用一切可用资源，在村里发掘知识分子，创造条件进行教学。

办学百余年来，麦巷小学历经多次改建和扩建，它的诞生、成长、发展凝聚了海内外乡亲几代人的心血。1992年由海内外乡亲捐助60多万元，建成教学大楼3幢、课室8间，以及实验室、教学仪器室、教工室、校务处、图书室、留念大楼；改建教工宿舍12间，扩建操场4200多平方米；新建成围墙275平方米，校门牌楼一座。2000年

麦巷小学旧址：燕山梁公祠

麦巷小学校门口

初，梁传厚翁图书馆落成，增设电脑室和阅览室、会议室，建筑面积100多平方米。2004年底，祠堂翻新后，学校又增设了电子琴室、接待室和一个能容纳全校师生开会的大会堂。一直以来，麦巷海内外乡亲热心家乡的教育事业，还成立了教育基金，不断助力家乡教育事业的蓬勃发展。

从最初的几间简陋教室，到后来的设施齐全、环境优美的现代化校园，麦巷小学见证了时代的变迁，也承载了无数华侨的期望与梦想。在这漫长的岁月中，学校始终坚守着"立德树人"的初心，培养了一代又一代的优秀学子，他们中有的成了社会的栋梁，有的远赴海外继续传承着华人的文化与精神。

随着城市化的不断推进，越来越多的农村人口选择到城市生活和工作，导致农村人口逐渐减少，学校学生人数整体呈逐年减少的趋势，为进一步优化教育资源配置，合理调整学校布局，满足人民群众对优质教育资源的需求，2024年，麦巷小学被撤并，成为台山市大江镇公益小学麦巷校区。

义育学校
——前身为刘姓公祠

整理／李小麟

清朝光绪年间的一天，四邑潭江旁水步坑口刘姓九村族长相聚乡议事室。

乡长倡议：自我们刘氏始迁祖季昌公（刘宗益）从横水乡迁至坑

义育学校

口开族，至今已有数百年，承天之佑，我们刘氏一族在此肥沃之地繁衍生息，子孙昌盛，如今已成九村之势。一直以来，我乡耕读传家崇文重教，培育英才甚多，但各村子弟就读于私塾，师资良莠不齐，学生难以更多交流，怕有良才埋没。现今我乡决定择地建一新祠堂，用作书院之用，到时将会择良师，为坑口子弟集中传道授业解惑，将来惠泽乡梓。

乡长说完之后，各村村长无不点头称是。

明朝时期，台山县已经开始陆续有人漂洋过海生活，早期主要是在东南亚一带。因在19世纪中期美国西部发现金矿，移居美国的台山人逐渐增多。

初期的华侨因为历史原因，大多文化水平比较低，从事的都是苦力活。他们希望家乡的子弟能得到更好的教育，都踊跃捐资回乡办学，所以台山在清末民初时期由华侨港澳同胞捐建的学校如雨后春笋般在各乡拔地而起。坑口乡的华侨也大多旅居南洋与北美，当地由华侨捐建的代表性建筑就有南洋华侨捐建、被誉为五邑最美古桥之一的大成桥。

当日议事完毕之后，一封封书信寄向世界各地的坑口刘氏华侨之手，不久，乡里陆续收到来自各个国家的侨批。侨批，是海外华侨通过海内外民间机构汇寄至国内的汇款与书信的结合体。集腋成裘，收到一定资金之后，坑口乡在乡道原有明末清初时建成的清溪刘公祠旁选一风水宝地建造素斋刘公祠，作为拜祭祖先以及书院之用。

素斋刘公祠工程横跨19、20世纪，从清光绪年间直至民国初年。由于种种原因，直到1921年才竣工，工期近30年，耗时之长，实属少见。素斋刘公祠建成后，乡里聘请了顺德人李文田（晚清官员、学

义育学校的前身：素斋刘公祠

者、著名的蒙古史专家和碑学名家）为祠堂牌匾题字"素斋刘公祠"。素斋刘公祠是一座传统的岭南特色建筑，拥有三进，分为前、中、后三座。大门是沉重的坤甸木，虽然历经百多年，看上去有点粗糙，但至今仍然非常坚固。两侧石拱门上分别题写着"腾蛟""起凤"四字，出自唐代初唐四杰之首王勃的《滕王阁序》中一句"腾蛟起凤，孟学士之词宗"。

素斋刘公祠最初只招坑口刘姓子弟，1953 年正式更名为义育学校。1973 年，附近乡的独树小学撤销，学生统一到义育学校就读，学校因而也接纳了附近乡其他姓氏的学生。1983 年，坑口海内外乡亲出资重修校区；1998年，旅港实业家刘瑞独资兴建刘希成教学楼，全面装修校区。

2006年，潭江片其他4所小学撤并到义育学校。2008年，学校晋升为台山市一级学校。通过全体师生共同努力，学校各项管理规范，办学成绩喜人：2016年被评为江门市足球试点学校；连续多年获得台山市农村小学教学质量综合评价优秀奖、台山市德育安全示范学校、水步镇第二课堂活动示范学校、少先队先进大队等称号。

康和学校

——从小学到高中多次分分合合

整理／朱立中

笔者小学和初中就读的康和学校，位于台山市三合镇三合圩，至今已 110 多岁，是一所历史悠久的著名学校。

台山市三合镇康和学校始建于 1908 年，以康和书院、义勇祠和公局三间相连的公家地方办学，租用三合墟心道、安道两间陈氏祠堂为宿舍。康和学校的筹建，有赖于三合地区一批忧国忧民的知识青年，多方宣传、奔波筹款。而其中的黄笏南，在台山侨校建设史上，其功绩更是流芳百世，他起初为筹办康和学校而建功，后来赴加拿大华侨学校任教，又回乡筹建台山县立中学校（现台山一中）新校舍，成为台山一中迁建于纱帽山的功臣。

初办的康和学校，因陋就简，狭隘局促，诸多不便。1923 年冬，康和校友发起倡议筹建康和学校新校舍，推举德高望重的乡贤陈碧山为主任，组成康和建校筹办处，主持规划、募捐、建设等事宜。康和校友会发出《康和建校劝捐序》："今日列强，虎视东方。有学则兴，无学则亡。嗟我同胞，孰不恐慌。兴学救国，奔走彷徨。当仁不

台山市三合镇康和学校旧址原教学楼

让，毁家何妨。讵独三合，谦让未遑。急起直追，奋飞昂藏。群策群力，何用不臧。区校康和，拟构新堂。提倡鼓吹，几易星霜。舌钝其锋，笔秃其锃。惟其实现，金曰善良。"美国、加拿大、墨西哥等多地均成立三合区华侨筹建康和学校募捐处，由校友带动，三合内外乡亲、外地热心人士以至外国友人，共1000多人慷慨解囊。新校舍定址原校背后、三合墟北边的义勇山顶，时任县长刘栽甫发布两份《台山县公署布告》，令新校用地内山坟限期迁葬和收买新校用地左右边田。新校舍于1932年奠基，1933年落成，建筑坐北向南，正中是高耸的四层钟楼，上书"康和学校"四个方正遒劲的大字，后边是类似戏院的大礼堂，两边对称的两层用作教务室和课室。巍巍黉宇，红墙绿瓦，中西合璧，是 20 世纪三合地区最壮丽的建筑。

20 世纪 60 年代，政府拨款修整了康和学校这座民国老建筑的天面，并把对称的两边各升高一层，建了学生宿舍。1986 年至 2000 年，康和校友、内外乡亲先后捐款建成陈国柱伉俪楼、康和校友楼、学校门楼、操场门楼及围墙、黄笏南图书馆和邓树椿伉俪科学馆等新型建筑物。

康和学校原先是高小，1941 年至 1943 年开办初中，然后又办成高小。中华人民共和国成立后增设初中，后来分为初中、小学两校，1958 年小学迁至邻近的牛山，另建新校，初中留在义勇山，一度办成高中、完全中学。康和学校分分合合，曾用名康和小学、康和高小学校、新一小学、新一小学附中、台山县第七区中学、三合初级中学、三合中学、台山县革命中学、康和中学等。2007 年，在台山全市中小学布局调整中，康和中学停办，相邻的康和小学合并周边的冲湾小学、洋澜小学、明德小学和北联小学，复名康和学校，延续百年书香。

三合地区大批英才，未成年时在康和学校学习。比如：邝猛，赴延安参加革命，中华人民共和国成立后任佛山市首任市长；朱国铮，台山土生土长的首批排球运动健将，在 1962 年举行的全国排球甲级联赛上，为台山排球队夺取第三名发挥中坚作用；朱正贤，赴香港创办时富集团，实业家，广东省政协常委，为家乡贡献良多，获振兴台山贡献奖和中国女排五连冠贡献奖；余永就，中国人民解放军师级军医；陈启瑞，高级工程师，为祖国的航空事业和创办五邑大学建功；陈俊儒，斐济台山同乡会会长、世界江门（五邑）青年大会名誉会长；黄兆存，《羊城晚报》主任记者，获广东省好新闻奖两次，被省政府办公厅评为先进工作者并嘉奖。

值得一提的是，因为康和学校而诞生、由康和校友会主办、1922

台山市三合镇康和学校新教学楼

年创刊的《康和月刊》虽是校刊，但新闻报道范围覆盖三合全区，兼及台山全邑，言论富有启迪性，深受百姓欢迎，海外乡亲尤爱阅读。1946年7月1日出版的《康和月刊》复刊号，有一篇陈知行的文章《"康和"是人类光明的信号》，作者详论"康和"（康健而和平）之意，可谓字字珠玑："三合由康和书院而有康和学校，由有康和学校而有《康和月刊》，于是'康和'就代表了三合，成为三合的代名词。"

《康和月刊》创刊以来，一再停刊又复刊，1984年9月复刊时，变为由三合区侨联会主办的地方性刊物。直至如今，作为集体家书而情系海内外。不言而喻，源起于学校而彰显时代光明的《康和月刊》，将继续为康和学校增添芬芳。

白沙镇中心小学
——第一任校长为清朝秀才

口述 / 岑钦荣　马卓荣　马仰新　马华基　整理 / 郑文蕾

　　1905 年，在中国历史上延续了 1300 年的科举制被废除。1911 年，马大任（台山朗北牛鹰尾人）、马能炯（台山马洞田心人）、马卓凡（台山江头人）、马昌铎（台山墨林人）等金紫堂马氏有识之士，以台山白沙圩东郊的康平马公祠为校址，创办了广育高等小学堂，即白沙镇中心小学，延续至今，已经 110 多年。

　　办学堂第一难是"办学经费之无从筹措"，第二难是既无教习、又乏学生。广育高等小学堂的教学经费大部分是白沙马氏热心教育的各界人士和华侨捐助，不足部分，由马氏田波祖偿收入支付。其采用聘任校长制，定 3 年为一任，可连选连任，每一任校长都要经过严格的考核，选取德才兼备人士担任。首任校长是南朗人马周俊，为清朝秀才。正是马周俊这一批积极脱离科举体制、进入新式学堂的知识分子，迅速地从旧式文人转换为教育改革的生力军，将"文化新风"传到了圩里、村里、田里，为一个新的觉醒年代拉开序幕孕育着星星之火。

1911—1949年，学校历任校长有马周俊、马晓东、马心春、马耀东、马竟南、黄大驹、马尉民等。第二任校长马晓东是著名慈善家马兰芳的叔父，而第四任校长马耀东是她的父亲。学校从办学之初就校风严谨、师资上乘，学子纷纷慕名而来。

广育高等小学堂起于众人之力，更求于长远之功。

白沙镇中心小学从创立开始就离不开乡贤的支持。百余年间，学校能逐步发展壮大，均是校董会和华侨捐钱帮助。据不完全统计，前后共收到捐款约300万元，其中包括著名实业家黄道益捐资的112万元。

1954年夏，在白沙镇人民政府的支持下，广育小学把康平马公祠改建成占地面积4074平方米、校舍1305平方米的全日制小学，并改名为白沙镇小学。

1970年开始，白沙镇小学改名为下屯学校，合并了白沙耕读中学，接管了白沙华侨中学的校产，办成有附设初中班和高中班的规模较大的学校，直到1975年高中办学结束。

1980年底，下屯乡、白沙圩之父老与当时的校长黄景民商议，恢复广育学校之校名，并成立了广育学校第一届董事会。1981年，广育学校重新被定为白沙镇的中心小学。随后，下屯乡拨地6933.33平方米给学校建体育运动场。与此同时，校董会发出了《为扩建广育学校向海外侨胞劝捐书》，海外侨胞闻风而动，慷慨解囊，积极捐款。1982年7月，兴工扩建了校舍284平方米和一座64平方米名为"豪瑞堂"的纪念堂。

1984年以来，在各届校董会和海外侨胞的大力支持下，共集资60万元，用于改建和扩建校舍，并增添教学仪器设备。在《白

白沙镇中心小学教学特色

白沙镇中心小学全景

沙侨刊》"广育学校特刊"里面详细记载着每位赤子的报乡热情：1988 年，马伟能捐建教室"春仙室"，马兆添捐建教室"关春梅堂"；1989 年，马锦周捐 14.7 万港元，建了一座两层的教学楼"马士煦纪念堂"和运动场围墙；1992 年集资 9.2 万元，新建 350 平方米的教学楼；1994 年集资 15.5 万元，新建 350 平方米的教学楼；等等。

1995 年，校董会和校友会发出《筹建广育学校校友楼倡议书》，校友和社会各界人士捐款 70 多万元，建造三层校友楼和增添一大批电教仪器设备，为学校举行 85 周年校庆献上厚礼。

2009 年，白沙镇创建广东省教育强镇，周边的南朗小学、绍宪小学、朗南小学、钧漪小学等学校并入白沙镇的中心小学，招生范围扩充到 11 个村委会。2009 年至 2024 年，通过争取上级支持，相继投入约 250 万元对学校南北教学楼、图书馆、运动场、围墙、教师宿舍等设施进行加固和新建。

目前，白沙镇中心小学占地面积 1.3489 万平方米，建筑面积 7027 平方米。校内主要有广育楼、英才楼、校友楼、黄道益教学大楼和马仕煦纪念楼等建筑物，形成"同"字形结构。其中黄道益大楼是黄道益先生于 2004 年捐建的、耗资 140 万元，建筑面积 2854 平方米，同时添置一个电脑室。学校配有学术报告厅、仪器室、多媒体电教室等 20 多个功能室，有一个标准体育运动场，育人环境日臻完善，成为一所颇具影响力的乡镇小学。

白沙镇中心小学这所百年乡镇小学始终谨记建校以来"思变求进，向新而行"的传统，在教学管理方面，敢行、敢试、敢走在前，多年来获奖无数。

百年前广育高等小学堂的改革锐气、朝气、勇气，已用一种新的形式延续下去——"广育"精神今犹在，激励着白沙少年刻苦学习，奋发有为，茁壮成长。

　　口述人：岑钦荣，1983—2002 年在白沙镇中心小学担任校长；马卓荣，曾在白沙镇中心学校执教 17 年；马仰新，白沙镇原侨务办公室主任兼侨联会主席；马华基，白沙镇农业办公室退休干部。

浮石学校的"前世今生"

口述 / 赵建勋　整理 / 赵景柏

浮石学堂的创立

浮石学校位于台山市斗山镇。

清末浮石学堂的创立，奠定了浮石的文化根基。1905 年，清政府废除科举制度，兴办学堂。浮石先贤赵天锡（清光绪举人），于光绪二十八年（1902 年）发动海外乡亲赵池玉、赵裕贺、赵秩熙等 200 多人捐资，仿照广州广雅书院的样式，建造园林式的恩义祠，用为校舍，创立浮石学堂。赵天锡亲自登坛任教，乡中子弟纷纷入学，四乡学子亦慕名而来就读。

1904 年，清政府颁布《奏定学堂章程》(《癸卯学制》，规定儿童 6 岁入学。学制为初等小学 4 年、高等小学 3 年，中学 4 年，不分初中、高中），浮石学堂遵此，开设高等小学堂 1 所、初等小学堂 4 所，另设有夜校 1 所。

其时与浮石学堂并立的，还有多间私塾、村塾，它们以各祖祠或

1983年浮石学校教学楼落成剪彩

更铺为塾址。私塾是私人开设，自任教员，塾址多是祖祠，学生以青少年居多；村塾俗称"书馆"，因此村人称上学为"返馆"，学期开课称"开馆"（或"梅馆"），学年结束称"解馆"，学费称"脩金"。村塾由村主办，由村中父老延请塾师，自筹自给，聘请教员（村人和学生称教员为"先生"）任教。春季始业，一年分为上、下两个学期。学生多是儿童。

浮石的灶背（九坊）和诸护（十坊）两个小村，因离大村较远，为便于儿童就近上学，就自办村塾。例如，灶背的树德小学、诸护村的培德小学就是村塾。以上两所村塾，直至1951年才因乡实行统一办学而并入浮石小学。因大村文人多，祖祠多，故私塾亦多。

浮石乡中心国民学校的诞生

民国十一年（1922年），台山县推行"壬戌学制"。学制为"四二制"，小学分为初、高两级，一至四年级为初小，五、六年级为高小。

学校名称也有统一规定，单设的初级小学定名"××保国民学校"，高级与初级合设的学校定名为"××乡中心国民学校"。据此，浮石学堂改称为"浮石乡中心国民学校"。其时，在西头坊（一坊）莲峰祖祠开设有思永高级小学（第一高小），校长是黄隆庭；在恩义祠开设有浮石高级小学（第二高小），校长是赵瑞芝。同时，在各祖祠还设有复式编班的初级小学8间（一名老师在同一教室同时给2个年级的学生授课，当时称为复式教学）。

民国十五年（1926年），乡中先贤赵宗坛、赵祝南诸公倡导学务统一，执行新学制，把第一、第二两所高小合并设于恩义祠，定名为浮石乡中心国民学校，下管分校8所，女校2所。乡人以赵宗坛德高望重，推举为中心国民学校首任校长。由于学务统一，使全乡教育行政、教育宗旨、课程设置以及教务改革措施趋于统一，教育效果较为显著，是浮石教育史上划时代的教育革新。

其时，学校是以恩义祠为中心校址，分校、女校设在各坊祠堂。开设的科目有：初小设修身、国语、算术、手工、图画、唱歌、体操，高小设修身、国语、算术、历史、地理、理科、手工、图画、唱歌、体操。学务统一后，即由乡间教育界贤达组成校董会，负责校务的督导、校长和教员的延聘以及办学经费的筹措，校董会通常设常务校董一至二人各司其职。其时，学生入学人数剧增到800多人。在校董会的督导和校长与教员的共同努力下，学务蒸蒸日上，教学质量显著提高。海内外乡亲均感欣慰，自动发起捐款支持办学。

1941年，日寇三次侵入浮石乡杀害村民并大肆抢劫，加上农业失收，百业凋零，侨汇中断，物价飞涨，货币贬值，乡亲们生活困苦，因而学生人数锐减，最少的一个学期仅有267人。学校处于动荡不安状态，此可谓浮石教育事业最困难的时期。

浮石教育的复苏

抗日战争胜利后，浮石教育事业开始复苏。1946 年 2 月春季开学时，学生在校人数约有 600 人。但当时乡政当局，却以"校经费系由乡公所资给"为由，撤销校董会，由当时乡长赵玉磉兼任校长。由于未能群策群力，学校办学经费严重不足，教员待遇低，校舍分散，校具、教具奇缺，这些问题长期得不到解决，致使浮石乡中心国民学校在较长时间内处于停滞的状态。

浮石平民义学，于 1922 年为华利磨学会所创立。华利磨学会，是浮石乡知识青年组织的中国第一支乡村排球队，也是一个开展免费教育的组织。华利磨是英文排球 volleyball 的台山话译音。初开办时，定名为华利磨平民义学，附设于五和堂华利磨学会会址内。1924 年迁往克复堂（现琳琅剧社），改称为浮石民众学校。1937 年，遵照政府通令，又改名为浮石平民小学，成立校董会，以华利磨学会全体会员为校董，公推赵剑光为董事长，并向政府注册登记。

浮石平民义学之校训为"爱、诚、朴、洁"。依照华利磨学会创立之办学宗旨，以本村贫苦儿童为主要对象，一律免收学费，还免费供应课本和必要的文具。义学校风良好，教师严格管教，学生勤奋学习，纪律性较强，教学质量较好，深得村民的赞誉。

浮石平民义学办学，可以说是开启了当地农村义务教育的先河。1949 年 10 月，中华人民共和国成立以后，浮石乡中心国民校改称为浮石小学，实施新民主主义的教育方针，废除"公民""童子军"等科目，明令禁止体罚学生，并采取一系列措施，接收工农子弟。由于教员多是富有朝气的年轻人，他们以忘我奉献、勇敢刚毅的精神，克服历史上遗留下来的各种困难，使学校焕发出生机勃勃的局面。

1952年2月，浮石小学与浮石平民小学合并，由国家接管，改为公立学校，仍称浮石小学。校长、教员由国家教育行政部门调派，办学经费由台山县第三区人民政府统一筹理。小学学制仍是6年，入学年限改为7周岁。校舍除集中在恩义祠和原平民小学两处外，为方便学童就近上学，保留大墩（八坊）、诸护（十坊）两间分校。

经过1953年全省统一部署地整顿小学后，浮石小学确立了学校的班级规模、教员编制和各项规章制度，统一以德育、智育、体育、美育和综合技术教育并重为培养目标，推行统一的教学大纲和教学方法，使学校的教学秩序走上正轨，浮石小学的教学质量逐步提高，一大批毕业生升入初中，以后又进入高中以及大学深造，人才辈出。这段时间是浮石教育事业的黄金时期。

1958年以后，由于片面推行"教育为无产阶级政治服务，教育与生产劳动相结合"的方针，师生过多参加社会活动和生产劳动，因此，学校教学秩序被打乱，教学质量也随之而下降，幸好历时一年多就得到纠正。1960年，国民经济出现暂时困难，教育行政部门贯彻执行"国家办学和群众办学同时并举"的方针，压缩了国家公办教员编制人数，增开民办班级，实行"民办公助"。根据这个方针，为满足学龄儿童入学，于1962年复办浮石平民小学，扩大民办班级数量，学校为了支付民办教师工资和民办班经费，相应削减了增添教学设备和维修校舍的开支，办学经费的困难也渐露端倪。

1966年"文化大革命"开始，学校陷入混乱。1968年把小学学制改为 5 年，在小学附设两年制初中班。1970 年，浮石学校办起两年制的高中班。由于初中和高中班相继增开，学生总人数和民办教师人数急剧增加。1971 学年度高中学生有 162 人、初中学生 193 人、小学生 796 人，民办教师增加到 27 人，大大地加重了学校的经费负担。原有的平民学校校舍，由于长期缺乏资金维修，从 20 世纪 70 年代中期起，相继出现倒塌，遂于 1977 年全部拆卸，由原浮东、浮西两大队帮工献料，在恩义祠背后和西侧，建起 13 间平房教室，同时，还利用原北极殿扩建一所分校，应付班级增多、课室不足的需求。

校舍危残、教室不足、校具简陋、设备欠缺，成为 20 世纪 70 年代学校的突出矛盾，影响着教学质量的提高。

晋名为浮石中学

1978 年 12 月党的十一届三中全会后，学校的正常教学秩序得以恢复，师生勤教苦学的风气日渐形成，浮石的教育事业进入一个新时期。

1979 年秋，中、小学均采用新教学大纲、新编教材进行教学。在学制方面，初中改为三年制。

1979 年，台山县政府邀请国内及港、澳地区贤达回台城参加台山一中校庆，我与陈锡汉、赵庭思等浮石学校在职领导、老师向回来参加庆典活动的赵惠功、赵元浩诸君建议，将旧校舍拆卸，重建新校舍。同年 8 月，由时任台山县副县长赵璇衡主持，在学校召开筹建乡校会议。会上，赵璇衡当选建校筹委会主任、赵惠功为内外总联络人。会后，旅台城、斗山及居乡宗长联名发函，倡议重建浮石学校。

500 多位乡亲热烈响应，慷慨解囊，共捐资 100 多万港元，于 1981 年 4 月 20 日破土动工。1982 年 1 月，时值《浮山月报》复刊，即发表题为《继往开来，兴学育才》的文章，对上述建校情况作了详细报道。海内外乡亲收阅月报后，群策群力，因而建校工程得以加快完成。旅美乡亲赵炳炎独资捐建学校礼堂，建校筹委会遂将现有之三层教学大楼加建一层，与兴建学校礼堂作为建校第二期工程。旅加乡亲赵仰尧捐建"帝寿堂"为学校图书馆，于是建校第三期工程又继续进行。直至 1985 年 3 月 24 日全面竣工。新校舍全面落成，一所崭新的校舍坐落在鹅峰山麓，结束了百年学堂的衰颓残境。

1982 年 7 月，台山县人民政府接受纽约浮石紫气堂的建议，批准浮石小学晋名为浮石中学（附设小学）。1985 年上半年，小学制恢复为六年制，连同初中 3 年，共为 9 年，开启了九年制义务教育。

浮石小学教学楼全貌

1986 年秋，斗山镇按照上级部署，实施"分级办学、分级管理和校长、教师聘任制"的教育体制改革，浮石管理区建立教育委员会和浮石中学董事会，实行聘任校长和教师。校董会筹集了 10 万多元作为办学基金，储于银行，存本取息，以息养校和实施奖教奖学制度。教育体制改革后，浮石中、小学在行政管理上实行统一领导、人员统一安排、财政统一使用。

建设新校　内外同心

1992 年，我任斗山镇教育办公室主任兼任斗山镇教育办党支部书记，主管斗山镇的教育管理工作。

20 世纪末，广东省教育厅行文改革教育体制，像浮石学校这样中小学生混在一起的学校，迟早会被停办。我倡议再建浮石中学新校舍，为浮石学子能就近读中学而努力。

1996 年春，受旅美乡亲赵炳炎等宗长的邀请，我与时任斗山镇镇委书记赵焕常访美，商议再建浮石中学新校舍之事。倡议一发出，海内外乡亲空前大团结，建设家乡的热情高涨。1997 年春，《浮山月报》刊登了《两管区联合建校，璇衡翁带头捐款》一文，倡议为建校而群策群力。海内外各地乡亲在春宴联谊活动中慷慨乐捐，累计旅美、加乡亲捐有 5 万多美元，广州乡亲 4.8 万元，斗山乡亲 2.5 万元，乡镇干部、父老及学校教师 1.5 万元。

1997 年 5 月，经商议，确定在浮石东营山坡兴建新校。

1998 春，我与赵普豪、周善荣、赵沛毅、赵恩灼等十多人，前往香港与旅港浮石、田稠乡亲商量建校事宜，香港田稠群治堂诸人表示大力支持。同年 7 月，田稠群治堂主席赵伟胜及理事一行十人专程视察建校工地，并捐 38 万港元。

历时 3 年，几经艰辛，筹资 400 万元，其中浮石、田稠乡亲捐款 200 万元，争取上级及教育行政拨款 200 万元，终于实现了再建浮石中学的愿望。

2000 年 9 月 20 日，浮石中学举行落成剪彩典礼。台山市领导评价浮石中学的办学环境与规模在台山现有的农村中学之中是一流的。同时，田稠中学并入了浮石中学，镇口片部分管区如安南管区、唐美管区等的学子也进入浮石新校就读。2010 年，因受生育率降低及城镇化的影响，生源逐年递减，浮石中学归并入台山提领中学，原浮石小学搬迁到新的浮石中学。同时，斗山镇镇口片的小学撤并归入浮石小学。

一个世纪以来，浮石学校孕育了一代又一代人才，其中有外交官赵彬，经济学家赵元浩，教授赵锡宏，高级工程师赵向明，政坛精英赵士枋，雕塑家、书法家赵鲁，教育家赵陶烈，音乐表演家赵方幸等。

口述人：赵建勋，1942 年 8 月出生于台山市斗山镇浮石六坊，1963 年参加工作，曾任浮石中学校长、斗山镇教育办公室主任、台山市人民政府督学。

大湾学校史话

口述 / 陈国夫　整理 / 岑向权

　　台山市斗山镇沙坦市是当地一个较有规模的侨墟，大湾学校便坐落于该墟旁边的大湾村委会，从台城驱车约 50 分钟便到达。

　　大湾学校原名崇礼学校，始建于 1916 年，由该村旅居美国的华

大湾学校　李碧霞　摄

侨陈程学牵头发动该村众多华侨捐资数万元兴建，虽历经百多年，但校舍仍屹立在蓝天白云下，风姿非凡、与众不同。

学校建筑中西合璧

学校坐北朝南，宽 30 多米、深 34 米有余，有高 2 米的围墙护卫。主体建筑近似中国南方的传统祠堂，由厅堂、左右两厢房组成，中间有天井，既起到通风采光的作用，又有上承甘露的功能，屋顶端装饰有绿色琉璃瓦和吉祥物雕花。正中大堂有供奉陈氏历代祖先牌位的神台，大堂由四根花岗岩石柱支撑，显得十分大气，由此可见，该建筑也是拜祭陈氏祖先的地方。主体建筑外左右各建起一排两层的楼房，有多间房间。这些房间就是当年学生上课的课室。

从建筑物的正面看上去，主体建筑是中式祠堂样式，两旁的课室阳台则融入罗马柱元素，三角形山花更是典型的西式风格。在罗马柱和山花之间的那排绿色琉璃瓦当，又是典型的中国风，这种中西合璧的建筑风格，在当时是十分时尚的，就算现在来看，也显得非常和谐。在主体建筑的门楣上，刻有"观佐陈公祠"几字，后来改用黑漆写上"大湾小学"四字。两个侧门的门额之上，依稀可见繁体的"崇礼""学校"四字，由此可见建校者的初心。

打开围墙的铁门，走进主体建筑里面，会看到地面与屋顶相距 8 米以上，右厢房墙上镶有黑色花岗岩石碑，上面刻着：重建观佐祖祠捐款芳名勒石。

这块石碑记载了兴建该建筑物的经过和意义：观佐祖祠历经多年已经垣倾，需要重建。还言明作学堂之用为"报德""育才"两义。

捐款者有数十位，共捐款 4.1184 万银圆；单单陈程学一家三代，就捐 2.0592 万银圆；倡建新宁铁路的陈宜禧也捐 1000 银圆。落款为：民国六年丁巳六月十五吉旦。

陈宜禧的族叔牵头筹建

这所学校是由大湾朗美村的陈程学牵头筹建的。

由于生活所迫，陈程学于 1860 年前往美国西雅图谋生。他勤劳节俭，经过数年摸爬滚打后，于 1868 年创建华昌公司。华昌是西雅图最古老的商号之一，也是最早的中国商号，经营茶叶和爆竹等。他善于经营，把生意做得红红火火的，并积极参与西雅图唐人街的建设，是最重要的开拓者之一。

陈程学始终没有忘记生育自己的家乡。当他事业有成后回到家乡，看到村中的观佐祖祠日渐破落、家乡的子弟读书也十分困难，便萌生了为家族做点实事的愿望。此时，由其族侄陈宜禧发动修建的新宁铁路已经通车，对家乡的建设发挥了重大的作用。

据说，陈程学曾经取笑过陈宜禧筹建新宁铁路的想法。因为他是陈宜禧的族叔，知道陈宜禧没有多少财力，修建铁路是天方夜谭。他还说，就算陈宜禧修建成铁路，他也不会乘坐。因此，陈程学回国时，真的没有去新宁铁路搭乘火车，而是专门修了一条从广海码头至朗美村的石子路，他搭船从广海码头上岸后，雇轿子回乡。当他见到新宁铁路已经建成通车，他也想争口气，便决定牵头重建祖祠，并在祖祠两旁修建校舍，解决村中子弟的读书问题，让子弟学有所成，将来为家族光宗耀祖。他首先做通了自己家族人员的思想，与 6 个儿子、

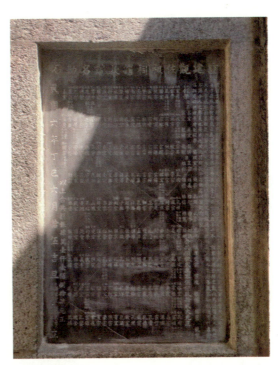

大湾学校建校芳名榜石碑
岑向权　摄

大湾学校旧课室　岑向权　摄

133

10个孙子共计捐出2.0592万银圆。由于他在美国西雅图陈氏宗族中有较大的影响力，在他的带动下，很快便在族中筹集到相当数量的建校资金。陈程学回乡办学的计划，也得到了陈宜禧的支持，不计前嫌地捐出1000银圆。

当时民国政府也鼓励民间办学，在村中族人的大力支持下，陈程学根据自己的设想，亲自参与设计，从预算到采购，他都亲力亲为。他模仿西雅图的学校设计方案，处处以新式教育为标杆建设学校。

我曾听老一辈相传，陈程学十分精明，对建校的每一步都能算计得分毫不差。在学校建设期间，有几件趣事流传至今。比如，陈程学为了保障施工顺利，向施工方承诺建筑材料足够使用，要求大家抓紧时间施工。有几个调皮的工人却不信陈程学，故意出难题难为他，在施工过程中，有意毁坏部分青砖，到临近完工时，原先计划建设学校厨房炉灶部分无青砖可砌。

陈程学知道后，回复："材料应足够，你们检查是否将青砖挪作他用。"监工人员四处查找，才想起用来发酵石灰的池是用青砖铺砌的。当大家将石灰池的青砖起出来后，刚好够砌炉灶用。看到这个情况，那几个调皮的工人不由有些畏惧，心想：陈程学连有可能毁坏青砖的情况都算到了！如果再捣乱，麻烦就大了。从此以后，再也无人敢乱来了。

还有一件事至今令人啧啧称道：陈程学的物资采购方案中，为祠堂中部四角形天井预购了五根花岗岩大石柱。这些长方形石柱边长30厘米、高8米，雕工精美，据说是从福建专门定制、用大货船运到台山的，价值不菲。施工人员看到方案很是纳闷，明眼人一看就明白，四角形的天井只需用四根支柱就够了，为什么要多花重金购买五根呢？这不是多此一举，就是有钱任性了。但人们取笑陈程学的笑声还没有消失，谁也想不到在施工过程中，一根花岗岩石柱无缘无故断裂了，那根备用的石柱刚好补上，不用担心延误施工时间。施工人员对此不由暗称真是天意无常，也被陈程学精打细算又深谋远虑的思维所折服。

崇礼学校建成后，共有课室 12 个，主要招收大湾附近家境较好、学习成绩和品行俱佳的陈姓子弟入学读书。

2024 年并到斗山镇中心小学主校

村委会干部陈宝明自 1989 年至 1994 年在大湾学校读小学。据他介绍，他入学前，大湾学校开设有晚班（学前班、幼儿园），小学有一至五年级，初中有一至三年级，高中 2 个年级。小学 6 个年级，每年级 2 个班；初中 3 个年级，每年级 2 个班；高中 2 个年级，每年级 2 个班。每个班有学生 43 人至 45 人，在校生共 1000 多名。位于六村的提领中学建成后，大湾学校的初中和高中部便搬走，继续保留小学部分。

1998 年初，我担任村委会负责人，在接待该村旅美华侨乡亲时，向他们介绍了大湾学校教育教学条件不足的情况，希望海外乡亲支持重建一座教学大楼。我的提议得到了上级教育部门和众多海内外乡亲的大力支持。1998 年底，大湾纽约同乡会、旅外乡亲、各界贤达和大湾乡民共捐得人民币 150 多万元，在原崇礼学校后面规划新建大湾小学校舍。

大湾小学新校舍于 1999 年 4 月奠基，2000 年 8 月竣工。校园占地面积 1.1 万平方米，校舍建筑面积 2050 平方米。教学大楼高四层，共有课室 18 间、教师宿舍 8 个，还有一个标准的 200 米田径运动场。校园设施较为齐全，布局合理、错落有致，繁花绿叶掩映，绿化覆盖率达 50%，有园林式校园之称。新校舍建成后，原崇礼学校校舍便空置了。

随着城镇化进程的推进，许多乡镇居民移居城镇，就读大湾小学的学生也日渐减少。2010 年 9 月，斗山镇进行学校布局调整，学校被撤并为斗山镇中心小学大湾分教点，一度荒废的老校舍，近年也得以重修。

尽管各方多年来一直在努力维系这所百年老校的生存，但无奈学生人数逐年减少，有的班只有数名学生。有鉴于此，斗山镇政府于 2024 年 9 月将大湾分教点并到台山市斗山镇中心小学主校。

口述者：陈国夫，台山市斗山镇《提领月报》社长。

端芬中学

——台山乡村第一所完全中学

梅朝辉

  端芬中学是台山市端芬镇中心学校的前身，始建于 1909 年，是台山市最早由华侨集资兴建的一所乡村中学。

旧端芬中学

岁月沧桑

清宣统元年（1909 年），时值废科举、兴学堂，族人为适应潮流，始创小学，初名"蒙养学堂"，设址端芬山下原梅族始祖大宗祠及其右侧之芳祖祠、冰月祖祠与子冈祖祠。民国元年（1912 年）改名为"培根学堂"。民国十四年（1925 年），因当时仅办高小班，故又改名为"端芬高等小学校"。先后由梅一鹤、梅端章、梅衍均、梅清池、梅建行诸公担任校长，当年掌教者，亦多硕学之士。由于办学认真、训诲有方，因而校风整肃、校誉远扬。四乡学子，争相来游，人数日增。惟是学子卒业后，升读初中，不得不远游台城，每感不便，族中有识之士倡议增设初中班级。经族中耆老商议决定，遂于 1932 年将端芬高等小学校改为"端芬中学"，附设高小五六年级班，仍用旧校址，此即台山首创之乡村中学。当时因校舍不敷，遂于大宗祠前池塘边上盖搭茅棚，暂充课室，又于大宗祠首院四周围墙上架设葵棚，权作礼堂，以供师生开会及演剧之用。

翌年，鉴于班级增加，学生日多，非筹建新校舍不可，便变卖梅族祖偿地产，挪款规划新建，并择定新址（现校址）兴土。因新址在端芬山之东地势低注，便雇用大批运土工人，架设小铁轨，配置大量装卸泥斗，用人力推运山泥，填升地基，终于建成两座课室大楼，并开辟大操场，将初中 2 个班及附小六年级 2 个班先行迁至新校舍上课，而师生宿舍则仍设在大宗祠。

其后，主持族务人士，以校舍未臻完备而慊然于心，再向海外侨胞呼吁，发出募捐书。海外侨胞鼎力支持，筹得巨款，遂于 1936 年继续规划第二期扩建工程，并由美国芝加哥梅氏总公所派遣梅宗尧带款回乡，监督施工，如期增建课室大楼1座、宿舍2座、办公大楼（红楼）1座、纪念亭（命夔亭）1座等，并增置图书、仪器。校址周围，环植竹木。这所建筑物小而精，却颇具规模的中学，使各界人士及海外侨胞，均感称意，撰厥建校方案，原拟继续进行第三期工程，再建大礼堂1座，然外患方殷、烽火日迫，国人正奋起抗战，而海外侨胞亦以民族存亡为重，以救亡图存为己任，支援抗战，随之，第二次世界大战爆发，水路不便，侨汇断绝，影响所及，遂致建校理想计划，未能实现。

百年传承

1949年中华人民共和国成立后，学校由梅甸初任第一任校长，从此端芬中学的历史揭开新的一页。当年由于校舍所限，只招春、秋初中每级一个班。1952年6月，学校收归政府统一管理，改为公立学校，学校更名为"台山县第四初级中学"。同年9月，学校扩大招生规模，按照国家的有关制度，只是每年秋季招生，每级招收初中8个班。1956年9月，为免去端芬镇学子初中毕业后就读高中的不便之苦，学校开始增设高中部，减少招收两个初中班，即每年招收初中班6个、高中班2个，成为台山县乡村第一所办有初中、高中的完全中学。

1966年5月至1976年10月，学校改名为"台山东方红中学"。"整风运动"和"反右派斗争"，特别是"文化大革命"，使学校遭受重创，其间的1966年9月至1968年8月，学校的学生学籍档案全无，"文化大革命"期间，学校停止招收初中学生，仅1972年、1973年每年招收一个文艺体育班,学校以办高中教育为主。

直至 1976 年 10 月,一举粉碎"四人帮",学校才再次获得新生,重新命名为"台山县端芬中学"。1979 年 9 月开始,学校恢复招收初中班,每级招 2 个班。1979 年 9 月,伍建初接任校长后,致力于恢复、稳定教学秩序,突出教学中心,强调以教学质量为学校的生命线。

改革开放后,国内再掀大办教育之热潮,先由梅华强出资 11 万元修建了惠清楼和图书馆,拉开了学校重建帷幕。1989 年 9 月,因为学校原教学楼(四方池)经上级鉴定为危房,已到了非拆建不可的地步,为保障师生的安全,端芬镇政府于 1989 年成立重建端芬中学委员会,发起"万人捐款,振兴端中"的倡议。是年 11 月,端芬代表团访问美国,为端芬中学筹款。在海内外乡亲的鼎力支持下,筹得 500 多万元,重建了端芬中学教学楼。

为配合建校,1990 年 9 月至 1993 年 8 月,端芬中学初中部停止招生,到 1993 年 9 月恢复招收初中新生,每级 4 个班。从 1989 年 9 月开始,为适应教育体制的变化,为社会培养各种专业技能人才,学校顺势而上,开设裁缝、会计 2 个专业,每级 2 个班,直到 2003 年 9 月停止招生。

为解决学生的食宿问题,1995 年,端芬镇人民政府又发出倡议,筹建端芬中学生活中心大楼,发动海内外乡亲捐款 300 多万元,建造一座建筑面积 4000 平方米、楼高六层、可供 800 名学生食宿的学生生活中心大楼,解决了学生的食宿问题。

2000 年 10 月,又发动我国香港特区台山商会捐资 110 万港元,端芬政府出资 60 万元,建造一座楼高五层、建筑面积达 2888 平方米、结构独特、造型新颖的多功能科技大楼。

端芬镇中心学校球场

端芬镇中心学校校门

2000 年 10 月，发动旅美实业家许宝昌捐资 2 万美元重新装修了许刘小英教学大楼。2001 年，海内外乡亲又捐资 30 多万元，端芬镇委、镇政府筹资 120 多万元将校园扩建，新增校园面积 2.67 万平方米，并新建了学校南门的围墙，完成校园扩建工程。

2002 年，发动旅美侨领梅贤添、朱丽清伉俪捐资 100 多万元，建成面积为 852.8 平方米的教务大楼。

为将端芬镇建设成为广东省教育强镇，有效进行教育资源的整合，加之学校高中生源短缺，台山四乡逐步停办高中。2009 年 9 月，学校停办高中，台山市教育局将端芬中学更名为"端芬镇中心学校"，将原端芬镇中心小学和赤坎小学、东陵小学、汀江小学的学生并入；2010 年 9 月，再将江联中学、那仁小学、那泰小学、梁庭小学并入，2011 年，将隆文学校初中部、成务学校初中部并入。端芬镇中心学校成为一所九年一贯制学校，学生 3000 多人，是台山市四乡中最大的一所学校。

为解决合并后的课室不够问题，2011 年，有关部门发动旅外乡亲筹款 280 多万元、镇政府筹资 250 万元，建起了梅洪旺教学大楼，教学大楼高五层、建筑面积 2610 平方米，共设教室 25 个，为初中部教学大楼，还重新装修了惠清楼，将惠清楼设置为初中部教师办公室。

书写辉煌

近年来，在端芬镇委、镇政府和海内外校友乡亲的大力支持下，投入 502 万元进行校园文化建设，打造了三场一馆：梅国坚运动场、老三届广场、旺顺生态广场和梅健周体育馆；改造了两处园区：耕读园（劳动基地）、地理园。建有名人路、未成年人思想道德建设宣传长廊和"走进端芬"乡土文化长廊，排球场 6 个、篮球场 4 个、单杠双杠场 2 个，以及乒乓球场、羽毛球场等，营造教育、生活、运动、休闲、劳动等和谐统一的校园环境。

2024 年，学校共有学生人数 1700 多人，9 个年级、39 个教学班。学校秉承"敬、爱、勤、严"的百年校训，"创办学生健康成长的教育，搭建教师才华施展的平台"的办学理念，全面推进素质教育，办好"阳光体育"特色学校，擦亮"台山市田径传统项目学校"和"江门市排球传统项目学校"的品牌。

成务学校

——中国最早由华侨捐建的乡村小学

口述 / 万北生　整理 / 麦博恒

　　侨乡台山，历史悠久，人文厚重，独具魅力。从 1848 年开始掀起台山人移民海外的高潮，旅居海外的台山人，书写了一个个新传奇，闯出一片片新天地，为侨乡经济社会发展，尤其是教育事业的发展，作出了重要贡献，并凝成了"自立自强、爱国爱乡、开拓开放"的台山人精神。其中，由台山端芬镇上泽村委会创办于 1906 年的成务学校，是中国第一所华侨捐建的乡村小学，一时传为美谈。成务学校的建成使用，拉开了旅居海外台山人为家乡捐资办学的序幕。

情牵桑梓　开"侨捐"先河

　　19 世纪后期的中国，经历着一系列政治、经济和社会的变革和动荡，内忧外患，兵荒马乱，民不聊生。为寻求出路，台山人铤而走险，通过出洋谋求生路。端芬镇上泽村委会村落聚集，人口稠密，伍姓聚居尤多。村民纷纷仿效，通过各种途径移居海外，多年以后，上泽乡亲遍布美国、加拿大等多个国家以及中国香港地区，他们努力拼搏，许多旅外乡亲挖到了人生第一桶金。

1905 年 9 月 2 日，在中国历史上延续了 1300 多年的科举制度正式被废除。上泽乡亲素有崇文重教的优良传统，他们认识到，国家积贫积弱，家乡教育设施落后，子弟读书无门，毫无出头之日。同年 11 月，上泽美良村乡贤伍礼门响应"废科举、兴学堂"的号召，提出要奋发自强，努力改变上泽教育落后局面，成为提倡兴办成务学堂第一人。此举得到同族人伍于耀、伍文疆、伍文煖、伍允洲、伍于棠等前辈及各村乡贤的赞成，并召开兴办成务学堂筹备会议，共商筹建校舍事宜。

为争取海外乡亲的支持，美良村伍述之起草了《筹建成务学堂劝捐序》，倡议海外乡亲捐资支持兴建成务学堂。倡议书寄出以后，旅居世界各国和地区的宗亲纷纷响应，多个国家的端芬伍氏宗亲社团都迎来了这样一批宗亲：他们奔走于世界各地，不遗余力为兴办成务学堂募捐。其中，旅美侨彦伍于秩，不辞劳苦，足迹踏遍美洲各国，大力发动宗亲鼎力支持家乡建校。宗亲们胸怀家国，发扬无私奉献精神，慷慨解囊，大力捐资支持兴建成务学堂。通过发动，海外乡亲共有 500 多人捐出善款银币 10 余万元。

成务学堂位于西泽村和上泽村之间的成务圩旁边，1906 年 8 月，成务学堂奠基动工。1908 年 12 月，成务学堂建成，楼高两层，建筑面积 872 平方米，有主楼、后楼、东西厢房，共有 10 个课室。名为"成务高初级小学校"（简称成务学校）。它的建成，开全国华侨捐建农村小学之先河。成务学校也是中国最早期的乡村新式学校之一。

清朝宣统元年（1909 年）2 月 24 日，成务学校举行落成剪彩典礼。

新宁县（1914 年改名为台山县）知事（县长）覃寿坤（1870—1959 年，湖北省蒲圻县人，进士，1908 至 1910 年任职）亲临主礼，并致颂词说："……市村学堂，为数寥寥，就鄙人所见，不过数处，然生徒大率无几，其多者亦不过七八十名，少乃至不足三十名。求其组织经营者，新建校舍，招选生徒至一百数十名以上，未有如贵堂焉。诸父老绅董之毅力，于是乎可嘉也。抑鄙人闻之，善作者尤贵善继，兹校之成，特创造耳……"

覃寿坤还作开学训词说："今日为本学堂开幕之期，亦即诸生第一年、第一期入学之一大纪念也。予守土于兹属，有管学之责，为诸生勖以数言，愿诸生其勿忘。诸生以垂髫之年，赖父兄伯叔之力，得受学堂之教育，自脱于腐败蒙塾之外……予爱诸生，吾愿诸生爱国，读国文、习国语，读历史地理诸课本，于本国之关系，切切然识之勿忘是也；予爱诸生，吾愿诸生之爱群，由家庭以及社会，由同学以至同方，保公德，推慈爱，是也；予爱诸生，吾愿诸生之爱国爱群，尤愿诸生之自爱，爱其身以力学，爱其身以致用，纯笃以自守，委婉以受教……"

薪火相传　风雨同舟

成务学校开办之初，上泽附近学子纷纷慕名而来，学额供不应求。为此，首任校长伍述之只好贴出"学位满座，无法再容"的告示牌，并表示歉意。

新学年开始，为了适应教育发展和时代需要，成务学校废除八股文，教授国文、数学、图工及自然科学，提倡新文化，介绍西方科学知识，积极开展体育活动，并经常向学生灌输爱国、爱群、自重、自爱和奋发向上的思想。该校提倡男女同学平等，互相学习、互相帮助，不分彼此，共同进步，使优良校风、学风蔚然而起，学生成绩优异。该校曾有日本早稻田大学、广州大学等著名学校高才生任教，校誉极高，堪称一所颇具规模而进步的乡村学校，在当地产生了积极的影响。

20世纪20年代，由于军阀混战、社会动荡等原因，匪患猖獗，打家劫舍时有发生，连学校也不能幸免，村民怨声载道。1924年，成务学校为防匪患，由旅美乡亲伍时藻、伍于藻等人，分走各埠发动募捐，在成务学校宿舍后面加建碉楼1座，并为校勇（学校保安人员）购买枪支弹药，以保护教职员工和学生安全。

在海外乡亲的大力支持下，该校又添置了大批书籍，以供学生课余阅读，增长见闻，开阔视野，获取更多知识。

碉楼建于 1924 年，用于防贼护校

　　1931 年 3 月，为扩充校舍，成务学校在旅外伍氏乡亲的捐资支持下，兴建一幢楼高两层、建筑面积 500 多平方米、堂皇壮观的柱国伍公祠，并在二楼架设天桥与校舍连接起来，方便使用。

　　1932 年 7 月，成务学校遭受强台风袭击，以致校舍残破，旅港宗亲伍汉杰（伍礼门之哲嗣）闻讯后，随即捐资维修。

　　1949 年 10 月，柱国伍公祠交由学校使用，因此，成务学校更具规模，为当地教育事业发展打下较好基础。

建设新校　勠力同心

　　20 世纪 50 年代，成务学校由于年代久远、风吹雨打，整座古校舍饱受侵蚀，同时，维修基金不足，修缮工作无法进行，因而校舍残破不堪，日渐残毁。

1978年后，随着改革开放的春风，侨乡大地掀起发动华侨捐资办学热潮，海外乡亲为善不甘后人，鼎力支持成务学校建设，该校旧貌换新颜。

1986年3月，80岁的伍汉杰继承先父伍礼门兴学育才的遗愿，独资将成务学校主楼改建成楼高二层，建筑面积630平方米，共有8个课室的新教学楼。

1987年3月，伍汉杰、伍活英、伍毓渠、伍凯生、林健忠、陈仲潮、陈浩波等乡亲倡议兴建成务初级中学（简称"成务中学"），并出钱出力，与130多位海外乡亲一起，共捐36万元兴建教学大楼。伍凯生捐22万元兴建科学楼，并与亲人共同捐资兴建校门、厕所、车房和购置发电机、椅桌等。1988年6月，成务中学校舍动工兴建，1990年5月竣工。

1990年9月24日，由伍汉杰和伍凯生陪同台山县（1992年4月17日，台山撤县设市）县长陈卓俊参加成务中学落成庆典活动，陈卓俊作了热情洋溢的讲话。

成务学校、成务中学并驾齐驱，为促进当地教育事业发展，作出了积极贡献。

1994年8月，伍氏族人集资重修成务学校柱国伍公祠，并重建该校门楼和厕所等。1994年9月，新会籍林建忠博士捐30万港元建成"林健忠图书馆"。1995年8月，伍广筹、陈浩波、伍凯生、伍百洽合捐40万港元建成学生生活楼，即"聚贤楼"。1997年3月，马来西亚拿督伍亦齐捐30万港元建成"伍时宜科学实验楼"；同年，伍凯生、伍玉桃合资 24 万元，重修该校教学楼和科学楼。1997 年 10 月，旅美宗亲伍松光和旅港宗亲伍健洲联合捐资改建该校东厢房为幼儿园，旅美乡亲梅国彬、伍玉云伉俪和梅转娣捐资为幼儿园购置设备；同年，旅外乡亲伍广筹、伍福权、伍广耀、伍于彦、伍伟康、伍子沛、伍子沾等 30 多人联合捐资兴建操场，还将该校后楼改建为校友楼。1998 年 10 月，在端芬镇人民政府的支持下，该校校园由 1 万多平方米扩展到 1.6 万多平方米。1999 年 5 月，伍汉杰夫人陈美玉的表妹吴惠霞捐 50 万港元建成 "伍汉杰陈美玉伉俪纪念楼"。1999 年 9 月，旅外宗亲伍尚权捐资为该校兴建舞台一个，并捐资重建西厢房，命名为 "伍尚权伉俪纪念楼"。2001 年 7 月，伍松光、陈浩波、伍广筹、吴惠霞、伍健洲等近 80 位善长仁翁捐 80 多万港元建成行政大楼。至此，成务学校面貌焕然一新。

2010 年，因上级实行教育布局调整，成务中学归并端芬镇中心学校，周边的庙边小学、养正小学撤并归成务学校。

为改善教育环境，创建教育强镇，上级先后拨款 100 多万元用于教育建设，成务学校基本达到了规范化学校建设标准。经过重修和重建的成务学校，占地面积 1.98 万平方米，建筑面积 6250 多平方米。目前，该校现有充裕的场馆及完善的教学设备，配备有科学室、音乐室、美术室、计算机室、图书阅览室和标准的体育运动场，师资力量雄厚，教师学历全部达标。

多年来，该校先后获得台山市小学教育教学综合评价优秀奖、台山市德育成果展示奖、小学阶段教育质量先进学校一等奖，被评为台山市绿色学校、交通安全文明学校、文明示范学校，等等。同时，该校教育教学水平稳步上升，教学综合成绩名列全市前茅，得到社会各

台山市端芬镇成务学校全景

界及学生家长的一致好评。

口述人：万北生，出生于 1955 年 9 月，台山市端芬镇人。20 世纪 70 年代末 80 年代初，在端芬镇成务学校任教，后调往端芬镇人民政府工作。曾任端芬镇文教助理、侨务助理；端芬镇人民政府副镇长；中共端芬镇委副书记，兼任台山市政协端芬镇联络组组长；端芬镇人民政府镇长。

振华小学史略

整理 / 伍月红

台山市广海镇振华小学，是一所历经百余年风雨沧桑的乡村侨校，其每一块砖石都铭记着历史的辉煌。笔者有幸在这片教育的沃土上默默耕耘了 30 个春秋，见证了学校的迅猛发展，亲历了教育领域的重大突破与改革。

走进振华小学，最引人注目的是那几栋现代化的教学楼。然而，在老一辈师生的记忆中，这里曾是几间破旧的平房。如今的教学楼内，宽敞明亮的教室、先进的多媒体教学设备，为师生们提供了良好的教学环境。在学校的荣誉室里，放满了各种各样的奖杯和证书，这些荣誉，是振华小学师生们共同努力的结果，也是学校发展历程中的重要里程碑。

"陈昆栋精神"的传承

在振华小学，陈昆栋先生捐资兴学的佳话为师生所熟知。

振华小学的前身为山背学校

清宣统三年（1911 年），台山县各地侨胞热情捐款兴办学校。山背村旅外宗亲也深知"十年树木，百年树人"的重要性，认识到要提高村民的素质、改变家乡的落后面貌，非办教育不可，以陈昆栋之父为首的村中旅港宗亲适应时代之需，倡办学校，此举深得村人赞同，乃以陈焕文祖祠为校址，聘请斗山六村陈庚云为第一任校长，办起了山背学校。

改革开放之后，由于学校几经变迁，校舍破旧，教学设施设备奇缺，不适应教育发展的需要，基于此，旅外宗亲倡议重建校舍，改名为"振华学校"。旅港宗亲陈昆栋得悉后，鼎力支持，于 1982 年捐资兴建学校教学楼，其子女捐资购置校内所有的教学设备。

随着振华学校的办学模式不断完善，学校规模也在持续扩大。1983 年，振华学校更名为"振华初级中学"，并增设了小学和幼儿园。

振华中学开办后，人数激增，校舍缺乏，陈昆栋之子陈泽富慷慨解囊，于 1984 年捐资兴建振华小学新校舍。1985 年，中学与小学部分离，形成了独立的振华中学和振华小学，幼儿园则由小学部负责管理。1993 年，陈泽富出巨资翻新装修振华小学，增添教育教学设备，为振华小学晋升为台山市一级学校作出了巨大贡献。

1994 年，陈泽富、陈泽恩兄弟俩出资新建振华幼儿园，开设学前班、幼儿班。从此，振华学校形成了从幼儿园到初中"一条龙"的教育体系。

2000 年，陈泽富、陈泽恩捐资兴建一个综合运动场，占地面积 8666.67 平方米，内设 200 米的煤渣跑道、两个排球场、两个篮球场。

2002 年，陈泽富、陈泽恩兄弟出资在校区内兴建一幢高三层的科技楼，随后又斥资增添现代化教学设备。2009 年，陈泽富捐资为振华中学购买电脑。

2004年，陈泽富、陈泽恩出资新建一幢师生生活楼，修整厕所、铺设校道、绿化、美化校园。

2006年，广海镇教育布局调整，振华中学迁至城北东山学校原址继续办学。2009年，广海镇创建教育强镇，陈泽富、陈泽恩斥资将原振华中学整座教学楼的外墙进行了翻新装修；2010年，陈泽富斥资对原振华中学教学楼的教室进行装修，增添教学设备，为广海镇顺利通过广东省教育强镇验收立下汗马功劳。

陈昆栋及其家族对教育的热爱和投入，不仅让振华学校焕发了新生，更在师生心中种下了"知识改变命运"的种子。

现为广海镇唯一的农村小学

2002年9月，月明小学合并至振华小学。2005年2月，城北东山小学撤并入振华小学。2006年3月，振华中学迁至城北东山的原校址继续其教育使命。到了2009年，振华中学与广海中学合并；同时，合心小学、克中小学、双龙小学也并入振华小学，使其成为广海镇唯一的农村小学。

目前，振华小学由小学部和幼儿园部组成。学校配备了3幢教学楼、1幢科技楼、1幢生活楼以及3个大小不一的运动场。教学楼内设有15间标准教室和多个开放式的图书角；科技楼内设有多媒体电脑室、美术室、音乐舞蹈室、劳技室、大小型会议室、少先队活动室、荣誉室、档案室、图书室、体育室和心理辅导室；生活楼则有20间教师宿舍，并配备了一个供师生共同使用的食堂。这些完善的设施

俯瞰振华小学

和设备为全校师生创造了优越的教学环境和丰富的教学资源，为提升教育教学质量奠定了坚实的基础。

振华学子书写传奇

在抗日战争和解放战争的烽火岁月中，振华的学子们在乡村成立了竞存社，创办了《山背月刊》，积极宣传抗日、评论乡村政治，并推动农民合作生产与文化学习；组建青年抗日先锋队、山背党支部和妇女抗日同志会，投身于抗日救国的运动之中。此外，他们还组织了民兵队伍、自治会和自卫队，维护治安、保卫家园。许多热血青年更是加入了游击队或武工队，不惧牺牲，前赴后继，英勇斗争。

在和平时期，振华的学子们勤奋学习、刻苦训练，继承并弘扬振兴中华的精神，在各自的领域中努力奋斗，为社会主义事业作出了显著的贡献。一些振华学子，因各种原因远赴海外，艰苦创业，如今事业有成，也在为建设美好的祖国而不懈努力。

振华小学成立百余年以来，英才辈出，遍布全世界，有为国家献身的英烈，有致力于祖国建设、服务社会的党政领导，有在普通岗位上创造非凡成就的先进模范，有学识渊博、才华出众、技艺精湛、成就卓著的科技领军人物，还有那些心系家乡、关注公益、为家乡发展无私奉献的港澳台同胞和海外侨胞等杰出人士。这些振华学子的故事，在师生间代代相传，激励着后来者不断追求卓越、勇攀高峰。

资料来源：《广海振华学校成立100周年纪念专辑》。

那陵圆玄希望小学简史

整理 / 陈福明

那陵学校坐落在台山市海宴镇陵峰山下，前身是颜氏宗祠，建于1863年，后由颜志炎于1923年将其改为私塾学堂，设有教书室、育贤书室、悟真书室、东祠、蚕馆、裔昌书室等，其时主要是教授语文和珠算两门课，直至1949年中华人民共和国成立后才立名为那陵小学。

百余年中，此校不断拆拆修修，但坚持办学，1970年曾设高中，1973年高中停办后仍设小学、附设初中班，自1997年初中撤并以后，一直是一所完全小学。

由于年代久远，多次拆修，学校面目全非，且危房太多，成为安全隐患。2006年初，由颜国均、颜伟健、颜惠赞等海外乡亲发起重建那陵小学，并四处奔波筹集资金，很快得到各界人士的热烈响应，香港特区圆玄学院副主席、爱国商人陈国超，香港群策集团董事长陈策文，香港珠江国际投资有限公司董事长冯兆华，国内实业家朱启川、陈潮贵鼎力支持，筹得资金140多万元，并商定取名为台山市海宴镇

华侨捐资建校石碑

学校教学大楼

那陵圆玄希望小学。

那陵圆玄希望小学于 2007 年 1 月奠基，同年 11 月落成，次年 3 月 30 日举行隆重的剪彩仪式。

建成后的那陵圆玄希望小学总面积 13320 平方米，新教学楼楼高五层，建筑面积 1680 平方米，有教室 8 间、教师办公室 1 间、休息室 8 间，其他功能室基本能满足教学常规要求，并设有学生洗手间、教师专用洗手间，还有篮球场和排球场。

2014 年 9 月，得到上级教育部门的重视和支持，拨款 46 万元配备学校的功能室设施设备。其中计算机室有电脑 30 多台；音乐舞蹈室配有电子钢琴、卡拉 OK 设备，室内铺设专门地板和对照镜；贴近小学生心灵、包含着现代化的教育色彩的心理咨询室；还有科学实验室、美术室以及课室配备电教平台。全校共有教职员工 11 人、学生 110 人。

学校以发展的眼光，以"民主治校、文明美校、质量兴校、创新强校"为办学理念，以"诚信、勤学、爱校、尊师"为校训，以"敬业、爱生、进取、奉献"为教风，以"文明、守纪、好学、上进"为学风，定位了校园文化内涵。逐步改善师生学习工作生活外部环境，构建校园文化特色，提高师生文明素质，实现景美与人美的和谐统一，提出了"以棋培德、以棋促智、以棋冶情、以棋养性"的学校棋文化建设构想，引领学生充分认识丰富多彩的棋类世界，将棋文化教育与学生学习知识、学会做人教育等相结合，走好人生每一步，从而推进素质教育，提升办学品位。近年来，学校的学生在德、智、体、美、劳诸方面都有发展，得到上级教育部门的认可，受到家长和当地群众的好评。

英甲学校

——曾是传播红色思想的阵地

口述 / 伍定佳　整理 / 谭家晓　赵宇管

台山市海宴镇英甲小学坐落于海宴那马村的钟楼山下，创办于清朝道光九年（1829 年），其前身是伍氏私塾。

曾为海宴四大名校之一

清朝于 1905 年废除科举制度，推广学堂，兴办实学。这一教育改革措施，也逐渐蔓延并影响到偏僻的海宴，伍氏私塾顺应时代潮流，改称伍氏学堂。民国六年（1917 年），伍氏学堂重修扩建后取名为英甲学校。首任校长是黄懿初，海宴镇丹堂村黄屋坑人。

20 世纪 30 年代至 40 年代初，英甲学校办学规模进一步扩大，全校师生近 500 人，其中教师 10 多人，是一所完全小学，还开办了升初中的补习班，是当时海宴四大名校（沙栏的东海学校、海宴的公德学校、汶村的文海学校、那马的英甲学校）之一。高小的学生多数来自外村，寄宿内膳。校园环境优美，校风优良，师资力量雄厚，教学

英甲小学旧校门

英甲小学正校门

质量在全县范围内居于前列。当时台山县内公认有名气的教师，如陈新民、雷伯仁、刘公达、马登青等，都在英甲学校任教过，因此，东至丹堂乡（1949—1986年为"丹堂乡"）一带，西至北陡、寨门、茭勒，南至望头、佑村，北至沙栏流岗、萧村，有心向学的学子慕名追师，蜂拥而来求学。

革命战争年代，英甲学校是传播红色思想的革命阵地，是当时的海宴特别支部。那时，在英甲学校进行革命活动的有：曹兴宁，广海那章人，时任台山县第九区武工队长，中华人民共和国成立后任佛山地委统战部部长；赵岳明，海宴街塘前村人，时任滨海总队南海游击队队长，中华人民共和国成立后是上下川第五区区长。还有陈衡、李德光、赵松生等革命同志，他们以教师职业为掩护，通过课堂教学，编写小报和印刷革命传单，向学生及群众宣传革命思想。

群策群力　重建新校

1953年，学校易名为东和小学；1968年，附设初中；1970年，附设高中，当时小学、初中、高中同属一校管理；1980年，撤销高中，复名英甲学校。

英甲学校从1829年的伍氏学堂，到1917年的民国新式学校，再到中华人民共和国成立后的社会主义学校，已经服务了本村和四乡村落几代人，校舍日渐残旧。为适应现代化教育的需要，校舍急需改造重建。1992年，旅外乡亲伍卓生、伍创兆，发动海内外乡亲，共集资80多万元，由那马村委会及伍焕枢、伍其雄、伍兆平三位校董负责，将砖木结构的平房教室——拆除，重新规划建造三座崭新的教学大楼。教学大楼于 1992 年 5 月 1 日奠基兴建，耗时一年，全面竣工。时隔不久，伍根华伉俪及其儿孙又捐资 20 万港元，为英甲学校再添上一座富丽堂皇的图书馆，命名为"伍根华纪念图书馆"，楼高四层，高级装修。2005 年，英甲学校被评为台山市一级学校。

2007 年，伍贤栋、伍炯尧、伍卓生三位旅外侨领，有感于教育发展的需要，带头捐资并倡议海内外乡亲，继续筹资 70 万余元，建成了"英甲礼堂"，可容纳 400 个座位。礼堂的建成，又为英甲学校添上了浓墨重彩的一笔。

如今，学校布局合理，校园古色古香，有着宜人的育人环境，办学设施设备齐全。校园占地面积 9505 平方米，建筑面积 3914 平方米，校园设计科学合理，分为教学区、运动区，园内四周有令人心旷神怡的绿化带，富有园林特色。学校不但有现代化教学设备（电教平台、班班通）的教室，而且配备图书阅览室、音乐舞蹈室、美术室、德育展室、仪器室、实验室、档案室、少先队室、体育室、心理辅导室、卫生室、运动场等场室，为学校的现代化教育教学提供了保障。

有"洋留守儿童"近 90 位

英甲学校的招生范围随着全镇学校布局调整而不断扩大，现在已为海宴镇丹东片的学龄儿童提供足够学位，2023 年 9 月，在校学生 329 人，有 10 个教学班，教职员工 23 人。

英甲学校不但服务于丹堂片和丹东片，同时也是拥有"洋留守儿童"较多的一所学校。当地人把父母长期在外国的孩子叫"洋留守儿童"，英甲学校的洋留守儿童有 89 人，其中女生 37 人，他们的父母在巴西、墨西哥、伯利兹、洪都拉斯等国家。

学校全面贯彻执行国家的教育方针，推进素质教育，以"翰墨书香扬特色，儒风雅韵育英才"为办学思路，确立"翰墨立德、书香启慧"的办学理念，秉承"砺练、崇德、博学、创新"的校训，恪守"笃学苦练、德艺双馨"的校风、"博学尚雅、勤研善导"的教风和"端正、进德、善思、创优"的学风，致力于校园人文环境建设，坚持以人为本的管理思想，建立民主科学化的管理体制，突出特色发展，打造品牌教育。

近年来，学校先后获得台山市平安校园暨安全文明校园、少先队先进大队、台山市文明单位、台山市先进单位等光荣称号。在办学的百余年中，英甲学校人才辈出，桃李遍天下，其中不乏原中国排球协会副主席赵斌（原名伍卓智），加拿大侨领伍卓生，美国纽约侨领伍炯尧、伍庭典，墨西哥侨领伍群洽等佼佼者。

口述人：伍定佳，中共党员，中学一级教师。1948年3月26日出生，1971年9月在台山市海宴镇英甲中学当教师，1999年被聘为该校副校长，2008年8月从该校退休。

汶村镇中心小学建校始末

郑妙韵

汶村镇中心小学，位于台山市西南汶村镇汶村村的东南方，南濒南海，北靠笠帽山峰。

汶村镇中心小学的前身是"馆仔"私塾，先后更名为"遵导""培元"，这两个名字蕴含着先辈们对学子们的殷切期望和深沉嘱托。1920年，迎来了一次重大的变革，易名为"文海小学"，校址设在文海书院，中、高年级的学子们在此上学，低年级的则在长房祠求学。

1946年，抗战胜利后，汶村迎来了新的发展机遇，在文海书院开设文海初级中学；所有年级的小学生集中起来上学，长房祠为正校，六桂堂、闻溪祠、二房祠、三房祠、四房祠则作为分校。

1950年，台山县将这所学校接收为公立小学，并改名为"汶村小学"，学校迎来了新的发展阶段。1987年，随着社会的发展和人口的增长，学校面临着新的挑战，学生人数急剧增加，而校舍却严重欠缺。为了兴学育才，旅外乡亲陈伯强联络乡人陈国才，二人慷慨解囊，斥资在南门前精心挑选了2万平方米田地，新建了4650平方米

汶村镇中心小学低年级校区

汶村镇中心小学高年级校区

的校舍，学校复名"文海小学"，学校再次焕发出勃勃生机。而后，学校的建设得到了更多热心人士的关注和支持，正门牌楼由旅美乡亲陈伯和捐建、西边附楼由旅港乡亲陈鹏权捐建，为学校的教学设施增添了新的亮点。

2010年，汶村镇全力创建广东省教育强镇，对学校布局进行了调整，将1992年由旅港乡亲陈鹏权、陈国强捐建的鹏权中学和文海小学合并，成为一所能够容纳全镇小学生就读的完全小学，校名为"汶村镇中心小学"。这次合并，实现了教育资源的优化整合，为学生们提供了更加优质的教育服务。

如今，汶村镇中心小学总占地面积达4.8万平方米、建筑面积为1.9229万平方米，有3幢教学楼、5座附属教学用房，为教学活动提供了有力的支持。校园布局合理，健身活动区、体育运动区、休闲绿化区划分明晰，为学生们提供了多样化的活动空间。

学校恪守"爱、勤、诚、严、美"的校训，弘扬"开拓奉献、重业奋发、远志凝聚"的校风，秉承"一切为了学生健康成长"办学理念，坚持以人为本，注重个性发展，依法治教，不懈追求教育发展。学校先后被评为台山市优秀学校、文明示范学校、德育先进单位、师德建设先进单位、法治校园、教育系统创文先进集体、学雷锋先进集体、少先队先进大队，江门市文明学校、江门市美丽校园、广东省安全文明学校。

光大学校

——闪烁着革命光环的百年老校

叶玉芳

　　笔者是台山市台城街道筋坑村委会常安村人，1979 年至 1985 年就读于光明（光大）小学。虽然它是一所乡村小学，但几乎每年都有学生考入台山一中（初中），而由该校教师创办的《光大季刊》，更是邑内唯一由孙中山先生题写刊名的刊物。故每言及母校，骄傲之情溢于言表。虽然光大学校已停办，但是，我依然对它充满着感情。

巍峨"光大"　远近闻名

　　光大学校位于台山市台城街道筋坑村委会南安村的东北面。筋坑，初称筋竹坑，清康熙后期，叶姓族人从台山水步迁居而来，与谭、李三姓族居于此。

　　1905 年，科举制度被废除。在"废科举，兴学校"的号召下，筋坑叶姓开明人士、热心兴学的前贤及爱国华侨如叶君锡、叶君钿、叶邦君、叶鸿君、叶达政、叶君仁、叶崇钦、叶孟寅等，深感位于筋坑眠岗村用来当校舍的尧道祖祠，面积太小，不能多收学生，于是倡议兴建新校舍，为家乡培养更多的人才，造福桑梓。乃向旅居美国、加拿大以及中国香港、澳门两地同胞发出呼吁，大家慷慨解囊，海内外乡亲捐款近 200 人次，不出数月便捐银 4.6 万余元汇回。

位于南安村的新校舍于 1913 年开始兴建。1917 年 12 月 15 日，光大校舍落成开幕典礼隆重举行。是日，在南安村前池塘上盖搭双金字大棚为会场，台山县县长、教育局局长、新宁铁路公司总理陈宜禧等应邀出席，台山县立中学、台山县立师范学校和邻近 30 公里内的小学师生代表前来观礼，场面颇为壮观。

光大学校是一所私立学校，设校董会参与学校的管理。为保障办校经费充足，叶姓华侨先在广州购置两处校产出租，1933 年再集资于台城迎朗路建成叶家祠，租金收入用作叶姓办学经费。光大学校校舍是一座楼高二层的中西合璧式建筑，建筑面积 1600 多平方米，设有纪念堂 1 个、课室 8 间、教师宿舍 8 间，教室宽敞明亮，每间可容纳 60 人。首任校长为才德兼备的张仲鲁先生，此后又聘得叶博融（燕京大学毕业）、叶建慈（上海大学毕业）、谭炳和（中国大学毕业）等任校长。

因校舍宏伟、设备完善、经费充足、师资精良，光大之名，不胫而走。四乡（近者如水南、礼边、乌石、汤湖、玉怀，远者如都斛牛尾山、端芬墩寨）的学子，闻风前来就读。为方便远来学生，学校供应膳宿相待。

1926 年，台山开始招收女生。次年，光大学校合并匡正女校，实行男女同校。匡正女校于 1915 年由筋坑匡正协会倡办，以尧道祖祠为校舍，是县内开办较早之乡村女校。

受光大学校的影响，县内叶族族居地相继建立光大分校，筋坑光大为正校，开设初、高两级，各地分设塘口、君子坑、群厚、坑尾、南溪、西潮、白庙七间分校，依次称光大第二分校至第八分校，使各地叶姓少年儿童得以就近读书。

为联络校友感情、砥砺学行及改进族务校务，1928 年，光大毕业校友组织同学会，取名青社。1932 年改称新风社，公推叶建慈任社长，社员有叶泽青、叶君铮、叶寿堂、叶沃平、叶和宗、叶常青、叶镜池、叶福求、叶同恩、叶锦泽、叶炎新等。每年暑假，该社在光大开办义务补习班和平民夜校，指导子侄学习功课，提高农村贫苦群众的文化水平，后来还影响到谭、李两姓青年学友，互相切磋，友好合作，消除氏族隔阂，为以后三姓合并起到了有力的推动作用。

1940 年抗战期间，筋坑地区叶、谭、李三姓，奉命改为长兴乡，统一办理三姓乡务。随着广州失守，台城两度沦陷，三姓所办之学校，办学经费奇缺。1941 年，光大、昌明、良边三校合并，校舍以光大、昌明为主体，改名为"长兴乡代用中心小学"，公推谭植之、谭炳和为校长，聘请共产党员马平、许秀琼及一批进步青年为教师，采用单式授课代替复式授课。

1944 年，日伪军又进占江会和三埠，台城的市民、学校、商店纷纷疏散，6 月 29 日，台城第三次沦陷。县政府再次将台中、台师、女师这三所县立学校联为"台山县联合中学"（以下简称"联中"），由县长担任校长。11 月，"联中"迁往光大学校办学，在光大校舍、尧道祖祠、范敬祖祠上课，另借空屋为宿舍，一时师生云集，筋坑顿成县的文化中心。但上课不到半年，日军又窜犯台城，威胁筋坑，"联中"被迫解散。

光大季刊　激励学子

光大学校校舍美轮美奂，但自 1913 年开办后，数年未有培养出人才，时人见笑，冷言冷语曰："好大雀笼，只有几个禾雀仔（言下之意是校舍虽好，培养不出人才）。"

时在光大学校任教的叶锦灼和热爱乡邦的叶泮林（又名叶建邦、叶芹芳）以此话为耻，下决心急起直追，提倡创办《光大季刊》，成立光大季刊社。他们将此事通告本乡父老兄弟，但当时因人微言轻，反应非常冷淡，只有求学于燕京大学的叶博融寄回论说一篇。于是二人自费出省港宣传，幸得叶培初与叶崇濂大力支持，得孙中山总理及文化界名人、岭南著名画家高剑父等的题词，兼蒙旅省港乡亲资助经费一百数十元。经叶锦灼、叶泮林等人的不懈努力，破除重重阻力，第一本《光大季刊》于 1923 年冬季诞生了，这是台山叶姓的唯一对外刊物。

创刊初期，报道的范围是筋坑叶姓族居地区，办刊的使命是报道乡情、校情，联系情谊，团结宗亲，兴学育才，建设家乡。《光大季刊》的出版发行，宣传发扬了中华文化，激励了族中青少年为族争光的斗志，激发了光大学子勤奋向学的热情，加上重金聘请名师到校掌教，并开展了一系列教学改革工作，从此，光大学校的教学工作蒸蒸日上，人才辈出。"禾雀仔"之讥，终于烟消云散。

《光大季刊》是台山众多的侨刊乡讯之一，其独特之处在于刊名"光大"二字，是由兴中会会员、美国华侨实业家叶崇濂敬请孙中山先生题写的。叶崇濂早年旅居美国，参加兴中会，支持辛亥革命。后回国定居，在广州与人合股开办广州华美银号，发起组织民星公司，兴建中山戏院等多间戏院。1924 年 1 月，以美国华侨代表的身份，参加在广州举行的中国国民党第一次全国代表大会。故当叶锦灼、叶泮林等有志热血青年为振兴新文化而创办《光大季刊》时，向他提请名人为季刊题字，叶崇濂欣然应允，在广州市请孙中山先生挥毫，为族刊增光添色。光大学校也因孙中山的题字，声名更盛。

肩负使命　光辉岁月

光大学校是一所有着光荣革命传统的学校。在抗战时期与解放战争时期，马平（原名马先锋）、许秀琼、叶镜池、余绪明、陈肇汉、李美春、叶子青（叶永绿、叶永禄）、谭仲平、王美桂等一批共产党员任教于此。他们用心做教育，用爱为人师，同时以教师的身份，从事抗日救亡宣传和党的地下活动，铸就了光大学校的一段光辉岁月。

1940 年初，中国共产党台山中学支部首任书记马平受聘于光大学校。任教期间，马平与进步青年朱晖、梅敏合作主编了《青年歌声》（第一集），选编有《台山青年联合抗敌进行曲》（江定仙作曲）、《儿童团结歌》（朱晖作）、《救亡对口曲》（冼星海作）等 22 首当时最新又适合青年大众的抗日救亡歌曲，发行全县，掀起了台山开展抗日救亡歌咏活动的高潮，唤起全民众加强团结、坚持到底的抗战信心。马平与许秀琼（台山县立中学女同学读书会骨干）不仅教学生们唱进步歌曲、激发村民的抗日热情，还发动村民捐钱献物，支援前线抗日战士，在光大学校播下进步的种子，令人难忘。

据王美桂回忆录《心随逝水忆年华》记载：抗日战争胜利前夕，组织安排我回筋坑的光大小学教书，以教师身份为掩护，从事地下活

光大学校纪念堂的功德牌　陈庆伟　摄

动。我取名王炎霞。当时光大小学的党支部书记是余绪明，同事有陈肇汉、李美春、叶子青和谭仲平……直到1945年暑假结束，我才往光大学校报到……组织生活到学期结束时开了一次党小组会，由支部书记传达上级关于目前的形势与任务。

经查《光大季刊》，1945年至1946年，正是叶子青执掌光大学校。这期间，光大教师工友共8人，都是进步人士，高级首长们时来指导，一时光大学校成了附近一带进步的策源地。1983年9月8日，时任佛山地区副专员的叶子青归乡，与筹备光大学校70周年校庆及《光大季刊》60周年的校友交流时言及："（20世纪）40年代，刘田夫、谢立全（省的领导）曾在光大领导过来自四方的抗日志士。"由此可见，20世纪40年代，光大学校还肩负着革命活动据点的特殊使命。从光大学校走出去的共产党人，奉调滨海总队、珠江纵队、粤中第四支队等武装队伍，转战到云浮、两阳、滨海、高明、江门、连山等地，继续发挥着重要的革命武装力量，成为解放战争胜利的星星之火。

百年侨校　涅槃重生

中华人民共和国成立后，开辟了人民教育的新纪元。1952年全县小学改为公立，全部由县政府接管。同年，光大学校与昌明学校合并，招收光明大队叶、谭、李姓10来个村的适龄儿童入学。校名几易，先后称筋坑第一小学、光大小学、光明学校、光明小学。1965年开办农中，1968年增设初中部，1972年附设学前班。

改革开放后，光大学校迎来了第二次办学高潮：1979年起，海外乡亲陆续捐资修缮校舍大楼，原硬山顶更换为混凝土的平屋顶，木楼层换成钢筋水泥；增建了一幢两层高的楼房，作图书馆、课室、教师办公之用。历次捐资兴学的乡亲，勒名于纪念堂，以策后人。1982年撤销初中。至1984年，学校开设小学五个年级，附设幼儿、学前班，有教师8人、学生126人。

光大学校创办后，为乡、为国培育了大量人才，声誉远扬。杰出校友有：叶博融，抗战初期弃文从武，成为卫国军人，任四战区政治部上校专员，1941年6月在柳州殉国；叶卓林，机械工程师，抗战期间任兵工署技术及设计处处长，主持各种兵器之设计；叶林，1938年奔赴延安，入"鲁迅艺术学院"学习，曾任内蒙古党校副书记、副校长；叶永禄（叶子青），曾任广东省水利厅厅长、广东省交通厅副厅长兼广深高速副总指挥。

1996年，随着光明小学送走最后一批学生、并入培新小学，经历93年办学历史的光大学校完成了它的办学使命，昔日生机勃勃的校园闲置了下来。

百年沧桑间，在21世纪的第二个10年，在近年实施乡村振兴农村"三清三拆三整治"行动中，这所耸立在田间村头的乡村侨校吸引了时任台山市工商联执委常委、四九镇商会秘书长陈德庆的目光。他与妻子戴凤鹏对光大学校进行修复保育，坚持修旧如旧的原则，深入挖掘其文化内涵，搜集历史资料，整理出光大（光明）学校简史，策划了"校史展览""红色革命""女子教育"等具有侨乡特色的专题展览，将荒废多年的光大学校，打造成为远近闻名的侨乡文化旅游景点，吸引了众多游客不远千里慕名前来，深度感受这所百年侨校的独特文化魅力。

参考文献:

1. 建邦:《忆〈光大季刊〉》,《光大季刊》,1983 年 12 月版,第 56、57 页。

2. 王美桂:《心随逝水忆年华》,第 41 至 43 页。

3. 俊民、镜池:《光明小学(光大母校)诞生七十周年简史》,《光大季刊》,1983 年 12 月版,第 6 页。

4. 叶敬文:《英雄未必不爱乡——纪永禄宗亲热心桑梓》,《光大季刊》,1983 年 12 月版,第 50 至 51 页。

开平一中

——以侨为桥 薪火相传

口述 / 余锐湛 整理 / 崔少红

我是余锐湛，既是开平市市第一中学（以下简称开平一中）走出来的学子，也是回归母校接过薪火的传承人之一，现为开平一中党委书记。长期以来，我亲见、亲闻甚至亲自参与了开平一中的发展建设。

开平一中

立校于烽火年代

民国八年（1919 年），时任开平县县长李介丞看到相邻的新会、台山、恩平等邑都建有中学，认为开平也不应落后。9 月 1 日，他特捐毫银 300 多元筹办中学，在潭江边选取了赤坎的关鼎信祠作为校址。1920 年 4 月 1 日正式招生开学，校名定为县立开平中学，掀开了开平教育史新的一页。1932 年 12 月，开平县立中学奉县政府令召开建校委员会会议，商议新校选址扩建事宜，并最后确定了将司徒氏自愿向政府捐献的鱼笱庙侧（羊咩洲）附近 6.67 万平方米土地作为开平中学的新校址。

开平赤坎这个地方，是以关氏和司徒氏两大姓氏聚居为主的百年商埠，分上埠和下埠，上埠为关氏的地盘，下埠是司徒氏的地方，子弟遍布海内外。司徒氏之所以要捐献土地，应是看到关氏将祠堂都捐出来做学校，司徒氏这边也要有所行动。百年以来，正是两族的良性竞争造就了赤坎的商业繁华和文脉昌盛，仅从先后捐地和竞相捐款建设学校就可见一斑。据统计，1934—1935 年，司徒氏的教伦堂捐出银币 5 万元，建设开平一中教学大楼（司徒教伦堂纪念堂）。关族的光裕堂捐出银币 1.5 万元，建设开平一中宿舍大楼（关光裕堂纪念堂），两楼亦称为"红楼"。1934 年 1 月 10 日，开平县立中学举行新校舍奠基典礼。1935 年底，开平县立中学的学生迁到新校址上课。

听前辈说，1938 年 11 月 1 日，日本侵略军飞机用机枪扫射开平县立中学校园，所幸的是师生及时分散，没有造成伤亡。是年冬天，开平县立中学迁到蚬冈周宗丹祠上课。数月后待形势渐缓才迁回原

开平市第一中学旧貌

址。1944 年 6 月 24 日，日寇再次侵占四邑，战事紧急，开平县立中学又迁到塘口古宅九二方公祠，直到 1945 年日军投降撤出开平才又返回原校上课。1946 年 9 月，开平县立中学改称为开平县立第一中学。1949 年 10 月 23 日，赤坎镇解放，此后开平一中的校庆日改为 10 月 23 日，开平一中的发展翻开新的一页。

在风云激荡间兴校

1966 年，开平一中的学生受到极"左"思潮的影响，纷纷走出校门，前往全国各地进行革命大串连，学校全面停课。学生回来后，又大量开发农场，学大寨，上课时间不正常；教师地位被贬低，导致教学质量严重下降。直到 1977 年，"红卫兵"组织被取消，高考恢复后才加速人才培养，中学教育水平才得以提高。

改革开放后，华侨政策进一步得到落实，海外侨心回归，华侨、港澳同胞和社团群众捐资办学积极性也空前高涨。1979年10月23日，开平一中隆重举行建校60周年纪念活动，充分调动了海外爱国华侨、港澳同胞重教兴学的积极性，加快了开平一中的现代化建设。1993年1月，经国务院批准，开平县撤县设市，开平县第一中学相应改为开平市第一中学。

从1979年至1999年，开平一中的办学取得长足发展，新生代的海外华侨华人以及港澳同胞秉持父辈爱国爱乡爱家的优良传统，掀起了一波又一波捐资热潮。例如：司徒伟家族于1982年独资赠建了科学大楼、游泳池，1983年4月举行落成剪彩典礼时，吸引了侨胞、社会名流共700多人与1300多名师生同欢，盛况空前；1985年，司徒氏族人捐资建成司徒仕柱纪念堂大楼，在建校66周年时启用，后来成为高中教学楼；1989年，众校友鼎力支持，捐出56万元建设开平一中校友楼；1997年底，旅港名贤恒生银行董事长利国伟爵士捐资65万元、上级拨款110多万元兴建了伟伦电化教学大楼……华侨这样的善举数不胜数，使开平一中的软硬件建设、师资力量都渐臻佳境，教育成果不断涌现。自1987年8月，开平一中学生关颖聪以总分654分、广东省理工类第一名的成绩进入清华大学信息工程系学习后，学校先后培养出18名清华、北大学生。1994年6月，开平一中被批准为广东省一级学校。

在新的世纪建设中强校

进入新世纪，开平一中又迎来了新的发展机遇。在国家"科教兴国"的方针指引下，全国教育战线兴起新课程改革的大浪潮。学校根据"教育强市"的指示精神，全方位推进学校向前发展，于 2008 年争创成为全国一千所示范性普通高中，同年 11 月，开平一中被授予"广东省国家级示范性普通高中"称号。

"创强"10 年，开平一中得到了政府、侨胞和社会各界的支持与关注，不断改善办学环境，扩大办学规模。从 2000 年至 2010 年 10 年期间，开平一中的中考、高考成绩稳居江门市前列，稳居开平市的龙头位置。

硕果累累的背后，离不开华侨、港澳同胞的爱心接力，比如：2001 年 3 月，由旅美著名侨领、开平一中名誉校长周谦益之子周文慧捐资 150 万元兴建的男生宿舍大楼（"周瑞澜纪念大楼"）竣工启用；2002 年 7 月，周谦益捐资 100 万元兴建的开平一中女生宿舍大楼（"周谦益大楼"）竣工；2003 年 11 月，由开平旅美著名爱国侨领、校友方创杰伉俪捐资 25 万美元兴建的"方创杰谢洁霞教学大楼"落成剪彩，目前，该楼已成为开平一中的中心教学大楼；2009 年 10 月，旅美校友邓惠琴及其夫关兆烈捐资 30 万元兴建的观礼台以及由校友们捐建的"九十周年纪念运动场"举行落成典礼。

2019 年金秋 10 月，开平一中举行建校 100 周年庆典盛会。开平市四套班子领导、侨胞及社会热心人士、各届校友代表共 4000 多人出席活动。当天活动包括庆典大会、支票捐赠及回赠仪式、百年纪念礼堂剪彩、校史馆揭牌、书画科技展、校庆杯球赛等，内容丰富，形式多样。尤其是"百年纪念礼堂"的建成，是募集到超 1500 万元善款所建。同年，开平一中校友会复会，重新搭建起广大海内外校友和学校沟通的桥梁。

2010—2020 年，学校在加强制度管理的同时也加大了奖教奖学

开平市第一中学的百年纪念礼堂

开平市第一中学的红楼

的力度，如校友高考奖教金、文津奖教金、梁新强校友奖学金、中考高考优异学生奖、统考成绩优异奖、"学雷锋"积极分子奖等，每年共奖励约70万元；增设了网络中心、信息中心、直录播室、直录播观摩室、数字化模型工作室、机器人工作室和实验室、语言文字工作室、开平市数字创客空间等功能室和场馆，教学竞争力不断提高；通过开展"走出去、请进来"等教研活动，不断提升办学影响力，学校近10年高考各批次的入围人数和入围率连年攀升，多次刷新开平市纪录，学科竞赛也屡获佳绩。

2024年8月29日，开平一中校友会（复会）召开第二届一次会员代表大会，完成了第二届换届工作。又成立了学校发展基金，目前，在校友的大力支持下，已筹集到近千万元的善款，华侨同胞踊跃捐款支持，其中，加拿大知名侨领、学校荣誉校长、校友会荣誉会长方君学捐出200万元，北美校友梁光平捐出196万元。

开平一中从一间祠堂学校发展而来，到今天校园面积达11.988万平方米；从只有几个班的学校发展到现在的60个教学班、学生3200多人的大校；从只有几个老师到现在专任教师260人的庞大队伍：素质教育、多元发展、全面丰收、满园芬芳的美好景象已成为常态。

育英小学

——为著名爱国教育家吴在民创办

口述 / 余文芳　整理 / 崔少红

我是一位有着 21 年教龄的教育工作者，现在是开平市育英小学的校长。

晚清奠基，私塾学堂变身现代学校

育英小学是一所有着百余年历史的学校。

它从私塾发展而来，创办于 1904 年 10 月，最初学生约 60 人。当时，社会动荡，私塾在这个时候诞生，注定是不平凡的。由于开平是侨乡，华侨经常寄钱回来，引发匪患猖獗。而私塾学堂的地理位置靠近偏僻后山，能读得上书的大多数是家境较为宽裕人家的子弟，因此，这些学子经常会受到盗匪的骚扰，让家长们头疼不已。

直到 1908 年春，还在京师大学堂师范馆（北京师范大学的前身）读书的吴在民（后来成为著名的教育大家）放寒假回乡看到这种情况，觉得再这样下去，读得起书的人都不读了，私塾也将成为虚设。

忧心忡忡的他找到当时的父老吴坚鲁、吴荫民等人商量，建议把私塾学生迁到楼冈圩杰夫祖祠上课，以确保安全。此建议正合吴坚鲁等人的心意，便动员大家一起搬迁，后更名为楼冈育英小学。

立校后，在吴在民的指引下，一改当时私塾学堂刻板的旧学制，实行新学制，成为当时开平最早开办的现代学校、开平教育的先锋排头兵、改制先行者。这时的育英小学，占地面积不足3000平方米，地方虽然小，学生只有100多人，却是一所完全小学。

烽火岁月，乡贤侨胞打造侨校

学校创始人吴在民的故事是育英小学的历史进程中不可或缺的重要部分。吴在民于1876年出生在一个农民家庭。原名旭，字济芳，号鼎新，楼冈高冈里人，后成为著名爱国教育家和侨务家，曾任广东省教育总会会长，广西教育厅厅长，广东省参议会参议长、议会议长。他从事教育行政11年，专任及兼任大、中、小学校长及教员共36年，参与创办小、中、大学各一所。曾多次出国考察教育以及向华侨募捐办学经费，足迹遍及北美600多个埠市和新加坡、马来西亚等地。1911年，他完成了在北京的学业，回到广东参加孙中山先生领导的革命活动。自此受孙中山先生倡导的"三民主义"影响，跟随孙中山先生致力于"民族独立，民主自由，民生幸福"的伟大事业，并将这些思想作为核心价值观放在教育方面去践行，立志教育救国强国，先后筹办开平育英小学、开侨中学、广东国民大学（下称"民大"）等。如前所述，育英小学在吴在民先生的建议下，改为新学制，育英小学的成功改制，是他最终能成为近代教育变革长河中"大家"的良好开端。

随着海外华侨势力的逐渐壮大，华侨在海外受到欺辱后，认识到读书的重要性，他们对家乡教育事业的关注和支持也日益增强，并将西方文化和教育理念带回中国。受在民先生新学制思想以及西方先进文化的影响，育英小学的首任校长吴坚鲁上任后，便对育英小学的教务进行大胆实践，提出以"发展民智"为办学宗旨，开始探索华侨教育的进程。

1922 年到 1927 年，在民先生奔波于美加，在广大的华侨中为家乡的学校开展了艰难的筹款工作，回国后兴办学校，对育英小学的建设发展也倾注了大量的心血。

抗日战争期间，在民先生在国民大学任校长。七七事变爆发后，全面抗战开始，国内形势急转而下。当时，在民先生正在南洋筹办校款，即从新加坡急电"民大"速迁开平，并让其时任开平县县长的儿子吴鲁贤协助安置。"民大"很快从广州迁来，继续上课，上课地点与育英小学相距不远，为此，育英小学受到良好的影响。在在民先生"不以播迁而屈其志，更不以困难而止其行"的精神指引下，育英小学教师在艰难岁月中仍然坚持教育救国的理念，坚持教学。据楼冈圩一位 80 多岁的吴玉瑚介绍，抗战时期，他就读于育英小学，有时候在战事吃紧时，会放几天假，过后又回到学校。抗战胜利后，育英小学经历了"曲线上扬"的发展，在"大跃进"年代，经乡政府与村民的努力，建立了民房式的校舍。

传承发展，百年初心历久弥坚

改革开放后，育英小学在各级党委政府和海内外热心人士的大力支持下，在传承中继续发展。其中，吴荣治先生是我不得不提的一位名贤。吴荣治是香港润成纺织集团有限公司主席，是著名的旅港实业家、慈善家，他1939年出生于楼冈平原村，自小在楼冈长大。

1993年，吴荣治先生怀着对母校的深厚感情，率先捐出99万港元，吴振腾捐32万港元，其他各界热心人士捐10多万港元，共投入130多万元建设育英小学新校园，学校面积扩大到5661平方米，将育英小学打造成一个理想的育人之地。几十年来，吴荣治先生从未间断过为母校捐资，并组织举办一年一度的奖教奖学大会，奖励先进教师和优秀学子。

2008年，吴荣治先生再次捐资10万元，用于增设教学设备和完善校园建设。随后，原楼冈中学的校舍又划归为育英小学，用于增设育英幼儿园，育英小学的面积得以扩展到1.9058万平方米，建筑面积6768平方米，这所百年老校再次焕发出活力。

此外，长期以来，吴海宏、吴振鹏、吴耀汉、吴荣熹、吴振明等侨胞和乡贤也为育英小学的发展添砖加瓦，吴海宏与妻子于2012年成立吴海宏伉俪育英小学发放扶困助学基金，于2014年又捐出13万元用于建设学校饭堂，使学校建设更加完善。

一直以来，育英小学秉持"成就每个孩子的本色人生"的办学理念，以"感恩敦行、自强不息"作为校训，确立"以棋促教、发展思维"为主题办学特色，弘扬中华民族象棋精神，开发学生智力，推动学校的健康发展，学校教育教学成果显著：2014年，育英小学被评为开平市中国象棋特色学校；2018年，被评为广东省象棋特色学校和全国象棋特色学校。此外，学校多次获评为长沙街道先进单位，先后被评为广东省绿色学校、江门市一级学校、开平市书香校园、开平市德育示范学校、开平市思政示范学校等。

江南小学

——司徒丙鹤曾在此任教

余泳恩

乘汽车经过开平市赤坎镇江南桥，面前一列山脉，是与台山市接壤的三圭山，这里就是当地人口中的"江南"，也是潭江以南。就在这三圭山下，有一所百年老校——开平市赤坎镇江南小学。

创办于 1913 年

江南小学位于开平市赤坎镇护龙村，而赤坎镇护龙村委会在 2017 年被国务院侨务办公室评为全国首批、江门市第一个全国为侨公共服务体系示范单位，现辖 20 个自然村，常住人口 1300 多人，旅居海外的华侨华人和港澳台同胞却多达 4500 人。

1905 年，科举制度废除，全国掀起一股新学潮流。辛亥革命后，"三民主义"深入民心。在这样的浪潮下，护龙村的前清秀才邓世忠四处奔走，倡议筹办学校，得到了本地乡绅和海外侨胞的大力支持，大家有钱出钱、有力出力。1913 年，借永瑞祠堂开办了新民学校，开

开平市赤坎镇江南小学　余泳恩　摄

了护龙村办学的先河。

　　我国著名社会活动家、记者、作家、曾任司徒美堂秘书的司徒丙鹤以及上海交通大学原党委书记邓旭初曾于抗日战争时期在护龙新民学校任教。

　　改革开放后，海外华侨纷纷带着技术、资金回乡支持家乡建设，1983 年，时任护龙大队书记的邓瑞书积极与上级部门沟通筹办改建学校，同时向海外侨胞大力宣传家乡办学的消息，得到了邓锦添、邓耀隆等港澳同胞的慷慨解囊，集资 40 多万港元，在原新民学校旧址的旁边建成一座楼高三层、建筑面积 1464 平方米的教学大楼，定名为护龙小学。2005年9月，护龙小学与赤坎永美初级中学合并为一所九年一贯制学校，改名为永美学校。2009年9月，永美学校中学部并归开平市第六中学，赤坎镇江南片的北炎小学、小海小学、居略小学、五堡小学并入护龙小学。2011年9月，学校改名为赤坎镇江南小学，并延续至今。

以排球项目为办学特色

学校有完善的教育设施设备，教学大楼、体育馆、运动场及各项功能室，如电脑室、图书阅览室、美术室、音乐室、科学实验室、心理辅导室等一应俱全，这与海外侨胞的慷慨解囊密不可分。2000年，开平市荣誉市民、公益先锋、旅加拿大华侨邓国栋率先捐资20万港元，其他旅外乡亲也纷纷捐款45万元，建成占地面积330平方米的体育馆一座。2004年，在旅美乡亲邓锐运、邓国栋的鼎力支持和号召下，海外华侨积极响应，建成楼高四层的教学功能楼。2009年，在政府资助和海内外热心人士的支持下，共投入200多万元对学校进行改造，并新建生活楼一栋。如今的江南小学占地面积达9722平方米，分教学区、实验区、生活区和运动区，学校设有邓文钿伉俪奖教奖学金、美国世代基金会助学金、香港余尊德堂助学金，鼓励学子勤奋攻读。

学校以排球项目为办学特色，开展各项与排球运动相关的科教活动，体育馆、教学大楼、学校宣传栏上都张贴着中国女排的海报，每个教室的后方都有一个三层的不锈钢架子，架子上整齐地摆放好排球；体育课上，人手一排球，每天定时开展活动。2012年，江南小学被评为开平市排球传统学校，2013 年被评为江门市排球传统学校，2014 年被评为开平市特色体育传统项目学校先进单位。江南小学男女排球队每年参加各级小学生排球赛，屡获殊荣：2016 年参加江门市第八届运动会，获得男子小学组第一名、女子小学组第三名；2023 年江南小学第一次参加广东省中小学排球比赛，女子队获得二等奖。

文林小学
——始建于树林中的学校

口述/陈利稳　整理/关美芳

开平市塘口镇文林小学（以下简称文林小学）创办于1917年秋，位于碉楼之乡开平市塘口镇魁草村高尾岭山下，现为全日制公立小学。

宗祠为基

文林小学的前身是文林学校，它是由正己陈公祠改造而来的。陈氏祖先深谙文化之重要，遂利用陈氏大宗祠开设私塾，教育农家子弟，传授文化知识，并希望子子孙孙能够通过学习修身正己，因此把祠堂命名为正己陈公祠。

清末民初，全国各地废科举、兴学堂，塘口镇的陈臻如跟随孙中山先生参与同盟会活动，深知科教兴国的重要性，返乡后积极联系各乡绅、华侨，集资购买材料，设计图纸，于1917年通过改造正己陈公祠，创建文林学校。为何取名为"文林"呢？主要是为了纪念陈氏第三代祖先陈彦琳，"琳"与"林"同音，加上学校就位于树林当中，且为了避讳，于是命名为文林学校。陈臻如担任文林学校校董会第一任董事长。

民国初期，开平土匪猖獗，社会治安混乱，加上河流多，每遇台风暴雨，洪涝灾害频发，当地民众被迫在村中修建碉楼以求自保。民国元年（1912年）到民国十五年（1926年）这14年中，匪劫学校达8次，掳教师、学生百余人。其中，民国十一年（1922年）12月众匪伙劫赤坎地区开平中学时，被鹰村碉楼探照灯探照到，四处乡团及时截击，救回校长及学生17人。此事轰动全县，海外华侨闻讯也十分庆幸，觉得碉楼在防范匪患中起了作用，因此，为了保障师生安全和陈氏人民的安全，1928年，又在学校的后山上建造了高尾岭山灯楼。

1953年，周边的振东学校、泉石学校、龙江学校等合并到文林学校，改名为文林小学。

1968年，为了解决人民对教育的需求，文林小学开始增设文林附中，由洪溢民校长管理。到了20世纪80年代，人数达到了顶峰，接近1000人，基本每年级3个班，还得外借室场上课。看到如此生机勃勃的场面，时任校长的陈兆创让擅长作词、作曲的方长荣编了一首校歌，让孩子们唱响校园，由此，这首粤语歌曲《文林颂》成了当时的校歌。

1990年，随着教育制度的改革，文林附中被撤并，只剩下小学部，为了适应教育发展的新形势，草坪小学、明诚小学、崇义小学先后并入文林小学。

华侨捐款

塘口是华侨之乡，文林小学的发展离不开华侨们的支持。文林小学有三栋教学楼，分别是宏津教学楼、逵俊教学楼、陈广就纪念大楼，这三栋教学楼都体现了华侨们对家乡教育的大力支持。

宏津楼以陈宏津命名，他是塘口镇连龙村人，旅居英国，20世纪80年代随着文林学校的发展，原有的学校已满足不了日益增加的师生需求，于是他慷慨解囊，捐资建造宏津楼，1985年落成。

旅居香港的关逵俊于1985年捐资兴建了逵俊教学楼，1986年落成使用。

随着文林小学的发展，师生人数逐年递增。到了2000年，由于正己陈公祠年久失修，已成危楼，于是退休校长陈显荣担任筹委会主任，带领小组成员募捐重建文林学校校舍。2006年，在开平市政府及塘口镇政府的大力支持下，得到旅美华侨陈永福捐款140万元、彭荣真捐款20万元，加上其他旅外侨胞踊跃捐输，共筹到180多万元，建成占地面积717平方米的教学大楼一座（陈广就纪念大楼），新建学校围墙，同时将学校球场修葺一新。陈永福还捐12万元充实学校厨房设备、加固课室防盗网以及置办教师办公桌。上级又投入15万多元添置4个课室教学平台、一批体育卫生等教学器材。目前，学校的设备设施得到了进一步完善，教师人手一台电脑，所有教室都配备教学平台，办学规模不断壮大。

侨居美国的陈其策得知塘口镇文林小学建设新教学楼，也捐了1000美元作为新建校楼费用，还多次捐款给学校购置设备，并每年捐2400元设立奖学金，受益学生千人以上。

近年来，文林小学积极参加各项教学教育活动，屡获佳绩。2019年、2020年参加开平市慈善公益"巨隆杯"校园阅读比赛均获三等奖，2020年、2022年参加开平市小学经典诗词"舞"动课堂录像比赛均获三等奖，2023年参加开平市"小不点唱古诗"真人短视频创作比赛荣获一等奖。

随着学校的不断发展壮大，学校先后被评为开平市教育工作先进单位、江门市少先队先进中队、创建广东省教育强镇工作先进集体、开平市少先队红旗大队、开平市教育系统校务公开民主先进单位、开平市小学教学质量优秀学校。2008年被评为江门市一级学校。

口述人：陈利稳，1949年出生于开平市塘口镇魁岗德堂村，1963年毕业于塘口镇文林小学，1969年在开平市第一中学毕业后回到文林小学教学，在文林小学任教28年，于2008年退休。

达德小学

——位于历史骑楼街区的学校

余泳恩

开平市三埠街道办事处的新昌埠，有一片独特的百年历史骑楼街区，由新华路、永富路、同兴路、昌兴路、新兴路所组成。开平市三埠街道办事处达德小学（以下简称达德小学）就位于三埠镇新昌同兴路，1919 年由新昌甄族热心办教育的乡贤倡议，广大海外华侨同胞捐集 38 万银圆所兴办。

达于理想，德才兼长

据校友回忆，当时，学校的门面采用中西合璧的设计，红墙绿瓦，甚为壮观。"达于理想，德才兼长"是兴校之初就一直在践行的办学理念，也是达德学校名称的由来。华侨们希望通过教育来改变家乡的面貌，在动荡的年代，学校也一直秉持这一理念教书育人。中国工程院院士、微生物药物学与肿瘤药理学专家甄永苏在抗日战争时期曾就读于达德学校。甄永苏热衷于公益事业，时刻心系家乡的教育事业，2016 年更以父亲甄兆仁先生的名义成立甄兆仁奖教奖学基金，激励家乡学子奋发向上。1943 年，甄氏族人创办《舜河侨刊》，报道乡情，传播乡音，联络和团结广大海外乡亲，并在侨刊设专版向海外侨胞汇报达德小学的办学情况。

1945 年，抗战胜利后，在广大侨胞的支持下，达德学校扩建校舍 1 座，并附设了初中班，中小学生合计人数 700 多人；1949 年 11 月，三埠镇军管会接管了学校；1951 年，达德学校的初中部并入风采中学，小学部与三埠镇一小合并，定名为三埠镇第一小学，列为镇重点小学；1966 年，全校发展到 20 个班，学生 900 余人。

1969 年以后，学校先后更名为"永忠小学""三埠中心小学""新昌小学"。1984 年恢复"达德小学"的校名。从 20 世纪 80 年代开始，随着改革开放政策的落实，学校得到侨胞、海内外校友以及社会各界热心人士鼎力支持，出现了翻天覆地的变化。1991 年，甄族海内外乡亲筹措 40 多万元建成楼高三层、建筑面积 1100 平方米的舜河纪念堂，作为学校办学以及家族聚会议事的场地。1991—1997 年，旅港开平乡亲、香港恒生银行董事长利国伟先生及夫人易海伦女士，以伟伦基金有限公司名义捐建的伟伦教学楼、伟伦科学馆、伟伦教学大楼相继落成。1992—1993 年，海外甄氏宗亲捐款建游泳池、电脑室、语音室、多媒体教室、图书馆、文化长廊等；美国波士顿甄氏宗亲主席甄邦瀚，三藩市甄舜河堂宗亲会主席、三藩市达德学校校友会长甄树灿，纽约甄舜河堂宗亲会元老甄崇攀，香港甄氏宗亲会元老甄伯新等发动海外甄氏宗亲筹措捐款 200 多万元支持达德学校建设。

1952 年，达德小学是小学 6 年改 5 年的试点；1963 年，为普通话"本音连读法"的试验点；1984 年起，开平县在该校进行"注音识字，提前读写"的教学试验，取得很好的成绩；1986 年，学校被评定为江门市的教研试验点；1993 年，达德小学被评为广东省一级学校、开平市重点小学。2019 年达德学校百年华诞，岭南甄舜河堂发动海内外甄氏宗亲、校友筹措捐款近 70 万元支持达德学校校庆及校园建设。

以粤曲、民歌为办学特色

如今的达德小学占地面积 1.595 万平方米，建筑面积 1.3365 万平方米，在校学生 1700 多人、教师 90 人。达德小学不仅注重学生的学术成绩，更重视学生品德的培养和个性的发展，学校开设了丰富的课外活动，鼓励学生参与体育、艺术、社会实践等，以培养学生的全面素质。

学校并以"爱国守纪、活泼有礼、勤奋向上、求实创新"为校训，坚持德、智、体、美、劳全面发展的教育方向，发展学校的特色教育——粤剧民歌教学，成立民歌"非遗"研习所，让非物质文化遗产粤剧、开平民歌在这里焕发出新的生命力。

达德小学以粤曲、民歌为办学特色，将传统文化融入校园文化建设之中。学校开设民歌特色班，邀请"非遗"传承人到学校进行授课，把每周三的课后服务时间定为粤曲特色课程，帮助学生更加系统地了解和学习粤曲文化。学校坚持地方传统文化与校本课程相结合，开发了《小红豆粤剧团》和《开平民歌写唱常识》校本教材，充分发挥地方传统文化课程资源，满足学生个性化发展。学校近年来被列入广东舞蹈戏剧生源培养基地、江门五邑粤剧曲艺联盟粤剧培训基地、开平市民歌粤曲培训基地，先后输送了曾文茵等优秀学子。达德小学北门正对面是广东省级非物质文化遗产金声狮鼓的制作加工场，近年来，学校每年都会组织学生到金声狮鼓店开展课外实践活动，了解和参与金声狮鼓的制作。

冈陵小学的变迁

口述 / 杨锦烈　整理 / 严惠玲

开平市塘口镇冈陵小学创办于 1922 年，校址设在塘口东明村北边的古球祖祠，由族人杨球石首倡创办，创始名为"杨氏道南高等小学"，简称"道南小学"，取义于北宋理学家杨时在程颐门下学成归来，程颐赞之"吾道其南矣"之意。

中华人民共和国成立后，由于古球祖祠的地理位置、建筑面积以及环境等无法适应越来越多学子的需求，经族人商量，并在当地人民政府的支持下，把校址迁于塘口镇四九墟边的案山上，取意"教师伏案勤教，学生伏案苦读，学校早出人才"，并改名为"冈陵小学"。

建校初期校舍简陋，教师办公室坐北向南，左右两侧两排瓦房，前面正中也是一排瓦房，主要招收冈陵乡的学生，设小学 6 个年级，初中 2 个年级，学生人数最多时有 20 多个班，1000 多人，教师 20 多人。那时，学校机构甚简，只设校长、教导主任各一个。但学校对教学工作一直抓得很紧，教学成绩一直处于全县的上游。

1960 年 9 月，学校附设初中班。"文化大革命"期间，学校受到了较大的破坏，教学秩序一度混乱。1969 年，学校改为春季招生。1970 年，贫宣队派代表进驻学校，实行贫下中农管理学校，学校正常的教学受到影响。直到 1978 年 12 月，学校的工作重点才转移到教学上来。

改革开放后，学校开展"面向现代化、面向世界、面向未来"和"有理想、有道德、有文化、有纪律"的教育，学校环境发生了很大变化，在旅美、加华侨以及中国香港、澳门同胞的大力支持下，1981 年，学校把前面的一排瓦房改建成一栋三层高的教学楼；1982 年，改建了一栋两层的教师办公大楼；1998 年，在香港资深银行家利国伟先生的支持下兴建了一栋三层高的功能楼。

进入新世纪，学校紧紧围绕"学会做人、学会学习、学会感恩"的办学目标，逐步形成了"团结、拼搏、进取、创新"的优良校风，素质教育的步子越迈越大。学校面貌也发生了翻天覆地的变化，改建围墙，修建橡胶跑道及运动场，增加电脑室设备，改造各班、功能室设备等，学校的教学、学习环境得到了大幅提升。目前，学校有 6 个教学班，学生 160 多人、教师 13 人；教学楼、办公楼及功能楼各 1 栋。在"养德启智，点亮生命"办学理念的指导下，冈陵小学进一步加强棋类特色教育。

建校百余年来，冈陵学校培养了众多英才。他们有的走上了领导岗位，造福一方；有的在科学教育方面卓有建树，成果丰硕；有的投身经济建设，为国家创造了大量财富；有的为社会的安定默默地坚守；更有千千万万的学子在所从事的各条战线上默默地奉献着汗水和智慧。

口述人：杨锦烈，1935 年 1 月出生，1971 年 9 月至 1975 年 8 月任冈陵小学校长，1995 年退休。

鹤山一中：南山下的毓秀学府

何　翔

鹤山市城区有"鹤山八景"之一的南山，林木青翠，花团锦簇。闻名遐迩的鹤山市第一中学（以下简称鹤山一中），就坐落在山巅。旅外乡亲捐建之坎侨堂、星园堂、联乡堂、礼乐堂、石朋堂、瑞南堂等校舍，气势不凡，一座连着一座，掩映在绿树丛中。而始建于1930年的坎侨堂，最为引人注目。这座磅礴恢宏的古建筑，凝聚着众多华侨、港澳乡亲及万千学子的心血，记载着百年侨校厚重的人文历史。几乎所有回访的校友及四方游客，都少不了在这座沙坪镇标志性建筑、被原鹤山市市长宋毅行誉为"鹤山第一碉楼"的坎侨堂前留影，借以追忆那独特而具深远意义的往昔岁月。

建校功臣　李氏照衡

李照衡（1893—1950年），名鉴平，鹤山市桃源镇禄洞村人，少年随父兄赴美求学，毕业于美国斯坦福大学。他深为祖国积弱而担忧，也深感教育强国之必要。为振兴祖国教育事业，他抛弃优越的生活条件，1925年偕其妻陈瑞平（同学，新会人）回到家乡，受聘为鹤山县中学校长，参与学校筹建工作。当年的学校以一所破旧祠堂做校舍。为改善教学条件，校董决定到海外筹款，李照衡被推举为海外募捐专员。是年11月，他偕夫人远涉重洋筹募建校经费。从1925年起，李照衡夫妇先后三次越洋募捐，历时四载，途经欧美及东南亚500余埠，行程15万英里，募捐毫银32万余元。夫妻俩不辞劳苦，坚持挨户劝募，集腋成裘，终于在南山建起包括坎侨堂等在内的一批新教学楼。1931年4月，一中从冯家祠迁入新校舍，结束了在祠堂上课的日子。

据邑人黎锡臣记述："1925年春，李君照衡负募捐使命，毅然渡美，而金门而纽约，中秋后由美入坎（加拿大之坎拿大埠，坎侨堂之名由此而来），李君唱之，邑侨和之，不三月而校款立集。"又载，"坎地苦寒，十月已雪下盈尺，照衡夫妇入坎募捐，不分昼夜，不避风雪，日行雪地二百英里，不二月而坎属诸省，大小凡百有余埠，游踏殆遍，所到之处，邑侨均能尽桑梓之义，解囊相助。"李照衡及海外侨胞建校功勋的碑刻仍保留至今。

李照衡两度出任鹤山中学校长，锐意改革，注重校风、学风建设，确立"劳心劳力，达己达人"的校训，以实现唤醒国民、挽救祖国、复兴中华的远大理想。当年，广东省财政厅厅长、邑贤冯祝万曾盛赞李照衡有极高的才学，却不去求官求财，而一心致力于教育英才。

南山原为遍地古冢与野草的荒丘。1935年，建筑面积达4000平方米、基本上由华侨捐建的一中新校舍全部建成，南山顶上的"饮水思源"水塔无时无刻不在提醒后代莘莘学子勿忘邑侨的"滴水之恩"，更不可忘记李照衡校长三度下西洋、南洋募捐的艰辛。

鼎力兴学　桑梓情深

鹤山一中之所以成为百年侨校，旅外乡亲的热心支持居功至伟。加拿大邑侨捐建了坎侨堂，李冠春、李子芳昆仲捐建了石朋堂，纽约邑侨捐建了联乡堂，南洋邑侨捐建了星园堂，星洲邑侨李瑞南先生捐建了瑞南堂，后来李照衡的哲嗣捐建了照衡堂。其中捐资最巨者是李冠春昆仲，据《鹤山县立中学成立十周年纪念特刊》载，"李冠春昆仲乐助毫银二万五千元，以课室为其先翁李石朋纪念"。原石朋堂是中学的主体建筑，建在校园坡顶，横贯东西，中间是有300座位的礼堂，8间课室分列两旁。在20世纪30年代的国弱民贫之秋，在此穷乡僻县能建有如此规模的校舍，令家乡子弟能进德修业于斯，万千英才从兹哺育，实在是功在当代，利及千秋。

自1988年至今，李石朋后人结伴携眷莅校观光，瞻仰石朋堂先后达七八次。1990年，李公后人以李石朋家族名义捐资100万港元，新建一座高五层、能容400余床位之学生宿舍大楼于南山东端，亦以"石朋堂"名之。1993年，李公文孙福树、福善、福庆、福兆，重孙国宝、国麟又慷慨捐资360万港元，作为拆旧重建石朋堂教学大楼的资金。新堂按依其概貌、扩其规模的原则设计，于翌年如期竣工。李福善伉俪及其子侄亲临石朋堂新楼落成庆典并为之剪彩。

1999年，石朋公第三子子方、第五子兰生之后人慷慨解囊200万港元，选址于石朋堂教学大楼之南，捐建以"子方楼""兰生楼"命名之教学大楼二座。建成后，一堂两楼轩昂挺立于校园山巅及南坡之上。堂前楼后，花繁树茂、枝叶蔽天，风清气爽。邑子弟之精英，就读于斯，成才于斯。

目前，鹤山一中的教学质量居五邑同类学校前列，这一成绩的取得是与李石朋家族及众多旅外乡亲半个多世纪以来的一贯关怀与支持分不开的。

值得一提的是，当年李照衡在吉隆坡专门拜访了东南亚锡矿大王、南洋巨富雅瑶乡亲陆佑的孙子陆容章先生。1988年，陆容章先生为鹤山一中捐资60万港元，兴建了陆容章楼。之后，他继续慷慨解囊，先后共捐资近200万港元、人民币450万元予鹤山一中建校舍、购设备，桑梓情浓，溢于言表。

道路坎坷　一往无前

鹤山一中建校，历尽艰辛，甚至可以说是一部血泪史。1926年10月10日，沙坪匪首何柏（何老二），纠合马骝王等匪徒劫掠沙坪，当年在破旧祠堂的学生不能幸免，被掳去的师生达48人。他们被押到新会五洞一间祠堂，匪徒按各人家境贫富程度定出赎金若干。其中教职员宋躬约父子，其家属用2000多银圆赎回；其他家里没钱的就饱受折磨。何柏此暴行对刚建立的学校是个沉重打击。所幸后来迫于社会压力，何柏潜逃澳门混迹赌场。一众校董也极力安抚师生及其家属，教学秩序很快恢复。

抗战初期，蜚声海内外、痛击日寇的南山保卫战就发生在鹤山一中校园内。1938年10月，日军大举南侵，广州沦陷，与南海县一江之隔的鹤山成为抗日前线。1939年3月29日，驻南海县九江的日寇，在松枝联队长指挥下，出动近千人强渡西江，入侵鹤山县城沙坪镇。我驻鹤山守军155师926团，在地方抗日武装支持下，冒着敌机的猛烈轰炸，在公路沿线节节抗击，战斗异常激烈。我党组织动员四乡群众送茶送饭支援，大大鼓舞士气，击退敌人多次进攻。敌退守已停课的南山一中校舍，指挥部设在坎侨堂。31日，我方部队从北、南、西三个方向进攻，形成三面合围态势。经过反复冲杀，日军退到各建筑物内负隅顽抗。我军冲进校舍与敌展开争夺战，突破坎侨堂北大门铁闸，在二楼中厅击毙日寇头目松枝联队长，终将各据点逐个击破，使坎侨堂之敌陷于孤立。

正当我军集中火力全歼驻守坎侨堂日军的时候，从九江、江门增援的日军赶到，敌机也频频来袭，在敌众我寡的情况下，我军撤出战斗，日寇大肆抢掠后纵火焚烧沙坪，撤回九江。

此役，我军击毙日军松枝联队长以下官兵40余名，打击了日寇的气焰，显示了中国军民誓死保家卫国的决心。此战我方也付出伤亡60多人的代价。日军撤退时，在大操场、坎侨堂四周，还遗下一堆堆烧尸的草木灰。

南山抗日之战已过去80多年。今天，坎侨堂铁门上的弹孔依然清晰可见，铁门已制成牌匾悬挂于坎侨堂内，供参观者缅怀追忆。

1942年，一中迁至鹤山后方的龙口镇那白乡，借用黄氏祖祠复课，县署委任与宋森办学理念一致的温兆驱为校长，学生有70多人。抗战胜利后，学校迁回南山。乡亲们对校方在艰苦环境中办学的善举给予高度评价。

鹤山的教育基础薄弱，至1956年才开办高中和中师，师资缺乏问题突出，是众所周知的"软肋"。1969年，时任鹤山县县长的郭佛牵线搭桥，得到原广东人民抗日解放军政治部科长、时任广东省文教办主任、邑贤李超的帮助，他通过动员、调整等办法，从广州高等学校调出一批青年教师到鹤山一中高中任教。这批教师中，有许多在鹤山生根成为教学骨干，如一中原校长文梦熊、教导主任尹润华等便是其中佼佼者，为提高一中教学水平创造了条件。

硕果累累　英才辈出

鹤山一中办学质量高，被誉为"江门市乃至广东省基础教育的一面旗帜"，曾获得全国模范职工之家、全国语文教改示范学校、广东省先进集体、国家级示范性高中等荣誉。2023年，学校被评为广东省更高水平安全文明校园，荣获"文博杯"第十届广东省青少年科技实践能力挑战赛高中组冠军。

鹤山一中现有在校学生2800多人，56个教学班；现有专任教师233人，其中全国优秀教师2人，正高级教师1人，省特级教师2人，江门市高层次人才71人，鹤山市中小学"三名"（名校长、名教师、名班主任）及学科带头人共148人次，研究生55人，学历达标率100%。

学校深入落实鹤山市"百千万工程"教育行动方案，锐意创新，教学成绩稳居江门市最前列。2023年高考，120人考入双一流高等院校，重点大学录取人数比例60%，本科率超99%。学校获得2023年江门市高中阶段教育质量最高奖，不断增强人民群众的教育获得感。

斗转星移，岁月沧桑。从李照衡、陆朝阳、宋森等先贤历尽艰辛，筹建学校，坎侨堂、石朋堂等一批校舍拔地而起，历史长河滚滚流逝，鹤山一中走过百年的光辉岁月，培育了无数社会英才。多年来共为祖国培养了44386名初、高中毕业生，2005年至今向高等院校输送了16613名优秀新生。在南山的师生中，先后涌现出：我国第一代喷气式战斗机飞行员陈柏根，著名文学家、历史学家、英国语文学院院士冯明之，我国著名儿童作曲家宋军，参与我国第一颗地球卫星设计的李锦泉教授，还有在各行各业担当领导的一批精英。

恩平一中百年路

黎彩娟

创办于 1918 年

恩平市第一中学（以下简称恩平一中）创办于 1918 年，在今恩城中学位置，再往前追溯，是清朝科举考棚所在地。恩平一中成立之初，名为"恩平县立高级小学"；1919 年成为初级中学，获华侨、港澳同胞捐资；1951 年名为"恩平县第一中学"；"文化大革命"期间

恩平市第一中学

学校停办；1978年复办，迁往鳌峰山南麓的学宫旧址。

1918年时，恩平学子升中学，须远赴肇庆就读，县人渴望在本县开办中学。当时省教育厅认为恩平地僻民贫，不宜办中学。县里士绅多次上书呈请无果。关键时刻，前清拔贡伍瑶光赴省厅陈情，终获准同年开办中学，他也因此担负起筹办中学的重任。不久，伍瑶光调任肇庆七中任校长，其在恩平的工作转而由前清举人郑润霖接手。

郑润霖争取了县长黎凤墀的支持，积极筹措资金。恰逢岑洞等处发生烟匪案，黎凤墀以兴学育才为急务，拨烟匪案巨额罚款和"中场捐""石灰捐"等为县立中学办学经费。同时向县里士农工商人士、海外侨胞、港澳同胞筹集资金。历经艰辛，县立中学终于在1919年9月开学，因经费有限，当年只招2个班，共60人，学制4年。学校设校长1人、学监1人、庶务1人、教员3人。

1925年秋，学校奉令改办初级中学，实行新制，学制由4年改为3年，仍以秋季为始业，每学年只招新生1班。1929年，黎梓材接任校长，每学年招收新生，扩至2个班，并加设乡村师范1个班。抗战胜利后，时任校长梁彦材及县人"感于今后学子升学之困难，乃极力提议增办高中，以为学子升学之阶梯"，提议得到了政府的允准。1946年，梁彦材赴港募集经费，港澳同胞、海外华侨热心响应，捐赠4万余港元，增建课室，于1946年秋开办高中，当时招收新生1班，学生35人。1948年，邑属旅美乡亲岑崇恺，旅加郑振秀、梁缉光，旅委内瑞拉梁立铨捐3万余港元，兴建两层楼房一座，命名为"慰农堂"，以纪念创校有功、成绩卓著的校长郑润霖。当任校长梁彦材撰写碑文，其中有言："用彰侨外同乡之好义与表先哲办学之丰功。"其间培养了不少优秀人才，时广州市的《国华报》写道："五岭以南，

恩平市第一中学慰农堂

闻恩中之名久矣。"寥寥数语，道出恩平一中的声誉。

1949年10月，中华人民共和国成立。县委委派刘坚、许克为县立中学正、副校长，并于11月1日正式上课，这个日子也因此成为校庆纪念日。

1979年高考 "一炮打响"

1974年，恩平一中更名为恩城中学，只面向恩城招生。1978年，恩平一中复办，首任校长为李启纯（开平人，曾在恩平独醒中学当校长）。在李启纯的带领下，恩平一中由一所默默无闻的学校很快变得为民众所瞩目。

作为恩平县重点中学，李启纯认为必须放眼全县，因此，除了已招生的 4 个班级，他还把各乡镇冒尖的学生招来，组成一个班，共 5 个班，因材施教。

教师勤教，学生勤学。有的老师早上 5 点多就到学校，每周上课 20 多节，站讲台时间太长导致双脚红肿；学校没有打字机，老师自己刻试卷，再油印。学生更是艰苦，50 个人挤在地面不平、空气中还飘着猪粪味、头顶只有一盏灯的宿舍里，刻苦学习，但乐此不疲。

李启纯这个"火车头"更没闲着。复办的学校，校舍破破烂烂，祠堂作饭堂，"白鸽笼"瓦房作课室。看见宿舍的横梁快腐掉了，他亲自去扛水泥，把宿舍修好。

艰苦的付出终于收到回报：1979 年高考，恩平一中"一炮打响"，当年有 18 人考上大学，其中 1 人考上清华大学、1 人考上北京大学、1 人考上上海交通大学。

侨胞热心捐资办学

恩平一中建校之初，华侨、侨胞便积极捐资办学，其中事迹，难以枚举，仅列一二。

1981 年 12 月，部分教师校友在县政协召开恩平一中校友会筹备会，会上选出郑鼎诺、关中人等任筹备会名誉会长，郑锦吉任会长。各地校友纷纷响应。1982 年 4 月，旅加恩中校友会成立。随后，广州地区校友会、香港恩中校友会、恩平地区校友会、肇庆地区校友会、阳江地区校友会、湛江地区校友会、旅美恩中校友会相继成立。校友会制度健全，每年举行聚会一至两次，交流经验，共谋发展大计。

1984年5月，旅加校友会由梁宝相会长牵头设立恩中旅加校友会奖学基金；1990年，经蔡君凯发动，设立卢松喜奖教奖学基金；1993年3月，设立旅美校友会奖学基金。

1986年，由旅美校友吴月英捐建的吴坚本纪念堂和香港校友捐建的图书馆后座相继落成。

1987年11月，由旅港乡亲李长独资捐建的门楼落成，旅加校友乡亲集资捐建的科学楼同年竣工。

1988年11月1日，恩平一中迎来了70周年大庆，当天鼓乐齐鸣、校友云集。庆典会上，县领导赞扬了一中在教书育人方面取得的好成绩，更肯定了校友、侨胞爱校助学的精神；国内外校友代表亦作了激情洋溢的发言。庆典期间，还举行了吴坚本纪念堂、科学楼、图书馆后座、门楼、礼堂等的剪彩仪式和体育馆奠基仪式。

2005年2月，由我国香港特区建滔化工董事、江门建滔积层板有限公司主席张国华先生捐资100万元，总投资达239万元，建筑面积2824平方米，楼高六层，可容纳18个教学班的建滔教学楼竣工。陈中伟教学楼也于同月18日正式破土动工。这两幢教学大楼，及时解决了恩平一中在创建国家级示范性普通高中过程中教学场所紧张的问题。

2006年12月底，由香港特别行政区的81届校友梁刘逸华女士独资捐建的"恩平一中梁刘逸华图书馆"破土动工，该图书馆的投资总额为380万元。

2008年1月，由台山籍热心人士、恩平一中荣誉校长陈中伟先生捐资50万元的"陈朱珮贞科技楼"动工兴建。

2013 年 11 月，香港四邑商工总会运动场竣工。运动场共耗资 410 多万元，其中四邑商工总会捐资 200 万元。

2018 年恩平一中百年校庆，历届师生和热心人士踊跃捐款，共计 1100 多万元。众多华侨参与了捐款，其中香港建滔慈善基金会捐资 100 万元，用于学校扶困助学及设备购置。

100 多年来，恩平一中桃李芬芳，英才辈出，有著名的桥梁专家梁天锡，有原广州军区政治部副部长、总政治部广州局副局长、政委郑锦波，有长江学者特聘教授吴宏滨，有硕士生导师、国务院特殊贡献津贴专家吴惠勤，有新一代侨领梁宝相、冯瑞祥、吴卓潮、梁权暖等，还有著名的科学家、大学教授、企业家……他们在各个领域，为家乡的建设、为祖国的发展作出了突出的贡献。